Matthias Müller-Michaelis

AKTIEN

STRATEGIEN FÜR EINSTEIGER

Der leichte Weg an die Börse

SÜDWEST

INHALT

VORWORT:
IST DIE **B**ÖRSE EIN **S**PIELKASINO?

Derzeit geht kaum eine Nachrichtensendung über den Äther, in der nicht die täglichen Stände des DAX® und des Dow Jones Index präsentiert werden. Die Börseneinführung der Telekom-Aktie im Herbst 1996 hat zweifellos ein regelrechtes Aktienfieber ausgelöst. Und dann tagtäglich die berauschenden Zahlen: Von Anfang 1991 bis Anfang 1998 stieg der Deutsche Aktienindex um über 200 Prozent. Im Juli 1997 überkletterte er erstmals die bisher als magisch erachtete Grenze von 4.000 Punkten – obwohl ihm doch selbst Bankexperten nur ein Potenzial bis 3.500 Punkte zugetraut hatten. Und zum Jahresende 1997 lag er trotz des lang erwarteten kleinen Crashs im Oktober bei 4249,69 Punkten. Das macht neugierig. Die Zeiten, in denen die Börse und Aktien nur etwas für schwerreiche Spekulanten waren, sind vorbei. An so manchem Stammtisch werden Aktieninfos und »brandheiße« Tips schon genauso ausgetauscht wie Fußballergebnisse. Überall lockt die Börse, denn dort, so scheint es, lässt sich noch die schnelle Mark machen.

Nahezu kontinuierlicher Anstieg des DAX® seit 1991

Blickt man auf den Deutschen Aktienindex, so wird dieser Eindruck zunächst bestätigt: Sein nahezu kontinuierlicher Anstieg innerhalb von 1991 bis 1997 bedeutet schließlich, dass sich das an der Börse in deutsche Standardwerte investierte Kapital innerhalb von sieben Jahren mehr als verdreifacht hat. Diesen Gewinn konnte aber nur einstreichen, wer Aktien genau im Verhältnis der Zusammensetzung des Indexes gekauft und gehalten hat. Und er hätte diesen Aktien auch treu bleiben müssen – ungeachtet einer kurzen Schwächephase im Jahr 1994, als der DAX® einige Zeit auf niedrigem Niveau stand. Wer nämlich nach deutlichen Kurssteigerungen den Einbruch Mitte 1996 als Zeitpunkt zum Ausstieg gewählt hatte, der war beim weiteren Höhenflug der Kurse auch nicht dabei.

Möglich ist an der Börse vieles – aber es ist an der Börse völlig unmöglich, ganz schnell mal eben so nebenbei absolut sichere Ge-

> **Die beiden Wörtchen »wenn« und »hätte« – sie spielen eine ganz entscheidende Rolle bei allen Börsengeschäften.**

schäfte zu machen. Bestes Beispiel aus der jüngeren Zeit war der »schwarze Montag« vom Herbst 1987, als auch für erfahrene Börsianer völlig überraschend die Aktienkurse um bis zu 50 Prozent einbrachen. Stand der DAX® am Jahresanfang noch bei 1.602 Punkten, lag er zwölf Monate später nur noch bei 1.000 Punkten. Und eine ähnliche Situation trat 1994 ein, als alle Banken einen neuen Aktienboom ausriefen – aber die Börse ihnen einfach nicht zuhörte. Die Kurse dümpelten ein ganzes Jahr lang herum, schlossen schließlich um 160 Punkte unter dem Vorjahresstand. Ach ja, wenn man da nur gekauft hätte …

Die Börse ist weit mehr als nur Roulette

Nochmals zurück zur Ausgangsfrage: Ist die Börse also doch nur eine gesellschaftlich anerkannte Form des Roulettespiels? Ist sie ein Tummelplatz für Zocker? Zweifellos auch. Denn wo schnell viel Geld verdient werden kann, da tummeln sich immer auch Glücksritter. Wir gehen aber davon aus, dass Sie die Börse nur ohne allzu großes Risiko als Chance nutzen wollen, mehr Rendite als mit anderen Anlagen herauszuholen – und genau dabei wollen wir Ihnen helfen.

Der Aktienmarkt folgt – anders als die Kugel im Kasino – ganz bestimmten Gesetzmäßigkeiten. An der Börse halten Sie die Roulettekugel selbst in der Hand. Hier haben Sie nämlich auch dann noch nicht automatisch Ihr Geld verloren, wenn alle Kurse in den Keller stürzen. Erst wenn man sich jetzt von seinen Wertpapieren trennt, treten die Verluste ein. Wer in die größten 30 deutschen Aktiengesellschaften investiert hatte, musste in der Nachkriegszeit über längere Zeiträume nie Verluste hinnehmen, sondern konnte immer mit einer Jahresrendite von durchschnittlich acht Prozent rechnen. Auch ohne sich um seine Börsengeschäfte zu kümmern, ohne die geringste Ahnung von dem zu haben, was gerade an den Börsen passiert, kann man gute Gewinne einstreichen.

An der Börse haben Sie es selbst in der Hand, Verluste zu realisieren oder auf bessere Zeiten zu hoffen.

Auch wenn Sie bisher noch nie spekuliert oder Aktien gekauft haben, wollen wir Sie mit diesem Buch, das bewusst als Einstiegsbuch konzipiert ist, auf die richtige Spur setzen.

Die richtigen Entscheidungen müssen Sie allerdings selber treffen …

Die Autoren

WORUM GEHT ES EIGENTLICH AN DER BÖRSE?

In diesem Einführungskapitel wollen wir Sie mit den wichtigsten Grundregeln bei Börsengeschäften vertraut machen. Sie können sich dabei kritisch testen, ob eine Anlage in Aktien wirklich etwas für Sie ist oder ob Sie doch lieber die Finger davon lassen sollten. Sie erfahren außerdem alles Wissenswerte über Chancen und Risiken, und Sie erhalten einen kleinen Einführungskurs in »Börsen-Latein«, so dass Sie den Geheimcode der Börsianer nicht nur verstehen, sondern auch knacken können.

ZEHN WICHTIGE GRUNDREGELN FÜR JEDEN, DER MIT AKTIEN GELD VERDIENEN WILL

Regel 1: Ohne Risiko läuft nichts!

Alles hängt vom Zeitpunkt des Kaufs und Verkaufs ab – und da gehört auch ein bisschen Glück dazu. Denn berechnen lassen sich Entwicklungen nicht. Lassen Sie sich weder von irgendwelchen »Beratern« noch von speziellen Informationsdiensten weismachen, sie könnten Ihnen innerhalb einer kurzen Zeitspanne zu garantierten Gewinnen verhelfen. Wer wirklich über todsichere Tips verfügt, wird sie kaum verraten, sondern selbst nutzen. Ganz besonders möchten wir Sie vor »todsicheren« Insidertips selbst ernannter Experten warnen.

Regel 2: Börsengesetze ausnutzen!

Es gibt bestimmte Regeln, nach denen sich die Kurse bisher immer bewegt haben – und die aller Wahrscheinlichkeit nach auch künftig ihre Gültigkeit behalten. Typische Zusammenhänge, die Sie ausnutzen können: Wenn Zinsen sinken, lohnt sich das Sparen nicht mehr – alle kaufen Aktien, die Kurse steigen. Steigen dagegen die Zinsen und bringen Wertpapiere sichere Gewinne, dann steigen viele Anleger bei Aktien aus. Die Folge dann: sinkende Kurse.

Regel 3: Wirtschaft beobachten!
Ein hoher Dollarkurs als Weltleitwährung bedeutet bessere Marktchancen und Gewinne für deutsche Exportunternehmen, z. B. Fahrzeughersteller und Maschinenbauer. Denn alles, was in Mark abgerechnet wird, ist dann durch die Wechselkursverschiebungen preiswerter. Auch andere Wirtschaftsnachrichten lassen Rückschlüsse auf Aktienbewegungen zu: Der Personalabbau bei deutschen Chemiefirmen z. B. versprach für 1996 schon frühzeitig höhere Gewinne – und tatsächlich stiegen die Kurse in diesem Bereich deutlich stärker als im Durchschnitt um über 80 Prozent an.

Regel 4: Anlagen streuen!
Kaufen Sie nur dann Aktien, wenn Sie außerdem noch über sichere Geldanlagen (Festzinspapiere) verfügen. Es wäre unverantwortlich, sein gesamtes Geld auf Aktien zu setzen oder sogar ohne Geld und nur auf Kredit zu spekulieren (was Banken gern finanzieren). Setzen Sie auch nie Geld ein, über das Sie zu einem bestimmten Zeitpunkt verfügen müssen. Denn das Risiko von Kursverlusten ist unvermeidbar – aber Sie können das Risiko verringern, die Verluste zum ungünstigen Zeitpunkt realisieren zu müssen.

Regel 5: Risiko verteilen!
Kaufen Sie nie Aktien von nur einer Firma, sondern setzen Sie auf mindestens drei. Wenn Sie Ihre Auswahl anhand von Wirtschaftsnachrichten oder speziellen Empfehlungen für Anleger treffen, werfen Sie zuvor immer noch einmal einen Blick auf die jeweiligen Börsenkurse der letzten Wochen. Nur so lässt sich erkennen, ob ein kurzfristiger Anstieg, auf den Sie setzen wollten, eventuell schon stattgefunden oder sogar seinen Höhepunkt überschritten hat.

Regel 6: Nicht durch große Namen blenden lassen!
Konzerne, deren Aktien zu den Standardwerten gehören, hinken oft weit hinter der jeweiligen Branche her. So entwickelte sich der Kurs der Deutschen Bank bis zum Frühjahr 1997 deutlich schlechter als der anderer Bankaktien, Siemens entwickelte

sich schlechter als andere Technologiewerte, und auch der Daimler-Kurs brach mitten im Aktienboom weg (als Fehler des vorzeitig abgelösten Exvorstandes Reuter bekannt wurden).

Regel 7: Nicht hektisch spekulieren!
Machen Sie nicht den Fehler, kleine Aktienmengen häufig zu handeln. Jeder Aktienkauf und -verkauf kostet Gebühren, viele Geldinstitute verlangen einen Mindestsatz von 50 DM. Das bedeutet bei einem Aktienpaket im Wert von 1.000 DM, dass der Kurs um mindestens zehn Prozent steigen müsste, damit Kauf- und Verkaufskosten gedeckt sind.

Regel 8: Gebühren senken!
Telefonbanken bieten viele Wertpapiergeschäfte zu niedrigeren Gebühren an. Oft beträgt die Ersparnis für den Anleger sogar zwei Drittel der bei Geschäftsbanken und Sparkassen üblichen Margen.

Regel 9: Eventuell gute Investmentfonds statt Direktanlagen wählen!
Investmentfonds taugen zwar kaum zum Spekulieren, weil durch die Ausgabeaufschläge immer schon ein erheblicher Teil des Wertgewinns aufgezehrt wird. Als Faustregel kann man festhalten, dass ein Verkauf erst nach fünf Jahren angepeilt werden sollte. Aber an Fondsgewinnen kann man auch schon mit wenig Geld partizipieren, indem Sie beispielsweise Sparpläne (ab 50 DM monatlich) abschließen. Damit bieten sie eine ideale Börsenchance für Normalverdiener und zum kontinuierlichen Vermögensaufbau.

Regel 10: Erfahrungen sammeln!
Erkundigen Sie sich bei Banken nach Börsenklubs – da wird gemeinsam spekuliert, Experten halten Vorträge und geben Tips. Außerdem lässt sich praktisch ohne eigenen Einsatz Börsenluft schnuppern. Machen Sie sich auf diese Weise fit für eigene Engagements. Mit der Materie vertraut machen können Sie sich auch, indem Sie einschlägige Fachzeitschriften lesen oder Fernsehsendungen zum Börsengeschehen verfolgen.

SIND BÖRSENGESCHÄFTE DIE RICHTIGE ANLAGE FÜR SIE?

Garantiert haben Sie keine sechsstelligen Guthaben auf Ihren Bankkonten geparkt – dann hätten Sie sich kaum dieses Buch für Börseneinsteiger gekauft. Wer sich z. B. 10.000 DM mühsam zusammengespart hat, kann unmöglich riskieren, das ganze Geld auf einen Schlag durch eine Spekulation zu verlieren.

Je weniger Geld vorhanden ist, desto sicherheitsbewusster sollten Sie es anlegen.

Geldanlagen mit und ohne Risiko

Jetzt könnte sich sogar die Frage stellen, warum denn überhaupt mit dem Geld spekuliert werden soll. Die Antwort darauf ist einfach: Ohne Risikobereitschaft und zumindest einen Hauch von Spekulation wird es Ihnen nicht vergönnt sein, mit Ihren Geldanlagen bessere Renditen zu erzielen. Oder lassen Sie es uns durch den Umkehrschluss ausdrücken: Nur durch Inkaufnahme von Risiken lassen sich gegenüber anderen Anlagen bessere Renditen erzielen. Der höhere Ertrag aus der Anlage ist quasi die Risikoprämie.

Es gibt sogar eine Faustregel, nach der sich Geldanlagen mit und ohne Risiken unterscheiden lassen: Gehen Sie einfach davon aus, dass überall, wo man Ihnen eine Rendite von mehr als acht Prozent verspricht, auch Verluste drohen. Solche Anlagen gibt es nicht ohne Risiko – egal was Ihnen der Berater oder Verkäufer erzählt.

Nun ist die Aussicht auf höhere Renditen ja eine ganz feine Sache. Aber darauf einlassen sollte sich nur, wer trotz der Risiken, denen er sein Geld aussetzt, noch ruhig schlafen kann. Ob Aktien oder sogar Optionsscheine zu Ihnen passen, ist also eine Frage Ihres persönlichen Anlegerprofils.

Banken unterscheiden bis zu sechs Anlegertypen

Typ 1: sicherheitsorientierter Anleger
Typ 2: rentenorientierter Anleger
Typ 3: konservativer Anleger
Typ 4: wachstumsorientierter Anleger
Typ 5: chancenorientierter Anleger
Typ 6: spekulativer Anleger

Aus dieser Klassifizierung ergeben sich die Renditen und die Risiken, die der jeweilige Anleger erzielen kann bzw. eingeht.

Oft aber wird auch nur von drei Haupttypen gesprochen, die nicht mehr nach den bevorzugten Anlageformen, sondern nur nach der Risikobereitschaft unterschieden werden. Damit Sie jeden der sechs eben unterschiedenen Typen auch in der gleich folgenden Übersicht wiederfinden, haben wir die Feinunterteilung der Anlegertypen noch einmal in Klammern hinzugefügt:

- Konservativer Anleger: keine Risikobereitschaft (Typen 1 und 2)
- Durchschnittsanleger mit Wachstumszielen: geringere Risikobereitschaft (Typen 3 und 4)
- Spekulant: hohe Risikobereitschaft (Typen 5 und 6)

Ein häufiges Problem: die falsche Selbsteinschätzung

Aus der Übersicht konnten Sie erkennen, welche Motive und Ziele die Anleger treiben. Deutlich wird dabei, dass sich die auf Sicherheit und Altersvorsorge bedachten Anleger bewusst mit einer niedrigeren Rendite im Vergleich zu den Spekulanten begnügen, also in keinem Fall das höchste Risiko eingehen.

Aber auch bei ausreichenden finanziellen Mitteln, wenn Verluste durchaus verschmerzt werden könnten, sind Anlagen mit hohem Risiko nicht für jeden geeignet. Denn wer wegen der Risiken seiner Anlage nachts keinen Schlaf mehr findet, sollte lieber die Finger von solchen Dingen lassen, bei denen eventuell auch mal erhebliche Verluste drohen.

Viele halten sich für mutiger, als sie sind

Tests haben gezeigt, dass sich die meisten Anleger für viel risikobereiter halten, als dies dann tatsächlich zutrifft. Der Grund dafür ist die Aussicht auf höhere Renditen, für die mancher – der Logik folgend – dann gern das höhere Risiko hinzunehmen bereit wäre. Im Alltag aber führt dies oft dazu, dass der Anleger mit dem gewählten Engagement doch nicht mehr glücklich ist. Mancher unzufriedene Anleger schichtet alle paar Wochen sein Depot um und wundert sich nach einiger Zeit, dass er keinen Gewinn macht.

⚡ Blitzübersicht: Welche Erträge winken, und wie groß ist das Risiko?

Anlegertyp: Strategie, Motive	Ergebnisse pro Jahr		
	beste	durch-schnittliche	schlechteste
Typ 1: sicherheitsorientierter Anleger Bildung von Startkapital, kein Substanzverlust; Anlagen überwiegend in Immobilien, keine Spekulationspapiere	8 %	5 %	2 %
Typ 2: rentenorientierter Anleger (Renten nennt man festverzinsliche Wertpapiere) Bildung von Startkapital, Altersvorsorge; Anlagen überwiegend in festverzinslichen Wertpapieren, keine Aktien	24 %	7 %	–7 % (Verlust)
Typ 3: konservativer Anleger meistens Altersvorsorge, Rücklagen für Kinderausbildung; überwiegend Festzinsanlagen mit geringem Risiko, maximal 30 % Aktien	29 %	8 %	–11 % (Verlust)
Typ 4: wachstumsorientierter Anleger Altersvorsorge, Zinseinkünfte sollen Einkommen vermehren, Risikobereitschaft vorhanden, bis 70 % Aktien	38 %	9 %	–22 % (Verlust)
Typ 5: chancenorientierter Anleger Zinseinkünfte werden als Einkommen angesehen, Spekulation wird als Geschäft mit Verlustgefahr gesehen, große Risikobereitschaft, bis 100 % Aktien	45 %	10 %	–28 % (Verlust)
Typ 6: spekulativer Anleger Spielernatur, Nervenkitzel wird gesucht, nur Aktien, Optionen, volles Verlustrisiko	ungewiss, 100 % möglich	12 %	–100 % (totaler Verlust)

Experten-Tip

Die Entscheidung für höhere Renditen und größeres Risiko wird meistens mit dem Kopf getroffen. Für die Frage, mit welcher Anlage man sich wohl fühlt, ist aber der Bauch ausschlaggebend.

Hauptkriterium dafür, welches Risiko man eingehen sollte, ist in jedem Fall die finanzielle Ausgangssituation. Ebenso wichtig aber ist Ihre Persönlichkeitsstruktur. Der folgende Test kann Aufschluss darüber geben, ob Anlagen mit Verlustrisiko überhaupt zu Ihnen passen. Im Klartext: Sie können hier erfahren, ob Sie eher dem sicherheitsbedachten Buchhalter oder eher dem lockeren, coolen Pokerspieler gleichen.

Test: Sind Sie eher ein Buchhalter oder ein Pokerspieler?

Je besser die wirtschaftliche Lage, desto größer darf normalerweise das Risiko sein.

Lesen Sie bitte zunächst die Fragen, und entscheiden Sie sich für die vorgegebene Antwort, die in Ihrem Fall am ehesten zutrifft. Markieren Sie die dort angegebene Punktzahl, und zählen Sie die jeweils markierten Punkte am Ende zusammen.

Frage 1 Als Kandidat in einer Fernsehshow haben Sie die erste Quizfrage richtig beantwortet. Der Moderator bietet Ihnen mehrere Möglichkeiten an, weiterzuspielen oder aufzuhören. Die Möglichkeiten sind mit unterschiedlichen Risiken verbunden. Für welche entscheiden Sie sich?

a) Sie nehmen die bereits gewonnenen 5.000 DM in bar und hören auf. **2 Punkte**

b) Sie gehen das Risiko ein, alles zu verlieren oder aber den Betrag zu verdoppeln (fünfzigprozentige Gewinnchance). **3 Punkte**

c) Sie können den Gewinn verfünffachen (auf 25.000 DM), müssen aber unter fünf verschlossenen Briefumschlägen den richtigen wählen (zwanzigprozentige Gewinnchance). **5 Punkte**

d Sie können den Gewinn auf 250.000 DM erhöhen, müssen aber unter fünfzig verschlossenen Briefumschlägen den richtigen wählen (zweiprozentige Gewinnchance). **9 Punkte**

Frage 2 Welche Form von Urlaubsreise bevorzugen Sie für gewöhnlich?

a) Sie fahren häufiger an denselben Urlaubsort, weil die vertraute Umgebung Ihnen Sicherheit gibt und Sie sich dort schon seit Jahren wohl fühlen. **0 Punkte**

b) Sie entdecken auch gern mal etwas Neues und buchen dann gern eine Pauschalreise. **2 Punkte**

c) Sie reisen lieber auf eigene Faust und lassen sich gern auf Überraschungen ein. **5 Punkte**

Frage 3 Sie wollen ausgehen, aber es sieht nach Regen aus. Was machen Sie?

a) Sie nehmen den lästigen Regenschirm mit, damit Sie auf jeden Fall gewappnet sind. **1 Punkt**

b) Sie gehen optimistischerweise davon aus, dass es schon nicht regnen wird, und lassen den Schirm zu Hause. **4 Punkte**

Frage 4 Jeder freut sich auf das Wochenende – aber jeder bereitet sich anders darauf vor. Wie sieht es bei Ihnen aus?

a) Ich mache ganz spontan, wozu ich Lust habe. **3 Punkte**

b) Ich weiß Wochen im Voraus, was ich tue. **0 Punkte**

Frage 5 Auf einer Bergtour kommen Sie an eine Schlucht, über die eine nicht gerade Vertrauen erweckende Brücke gespannt ist. Ein Umweg würde Sie etwa drei Stunden kosten. Was tun Sie?

a) Sie kehren um. **0 Punkte**

b) Sie entscheiden sich für den Umweg und den mehrstündigen Zeitverlust. **3 Punkte**

c) Sie testen die Brücke vorsichtig an und überqueren sie.

7 Punkte

Frage 6 Sie sitzen im Flugzeug und reisen Ihrem Urlaubsort entgegen. Plötzlich fragen Sie sich, ob Sie nicht vielleicht vergessen haben, das Bügeleisen auszuschalten. Wie verhalten Sie sich?

a) Sie haben jetzt keine ruhige Minute mehr und lassen sich Ihren Urlaub vermasseln. **0 Punkte**

b) Am Ziel angekommen, versuchen Sie, einen Nachbarn oder Freund anzurufen, um ihn zu bitten, in Ihrem Haus nach dem Rechten zu sehen. **2 Punkte**

c) Sie schieben Ihre Zweifel beiseite, vertrauen auf Ihre Umsicht und beschließen, sich den Urlaub nicht durch böse Befürchtungen verderben zu lassen. **4 Punkte**

Frage 7 Ein Bekannter ruft Sie an und fragt, ob Sie Lust hätten, mit ihm am nächsten Tag eine Flugreise anzutreten, weil dessen ursprüngliche Reisebegleitung plötzlich erkrankt ist. Angenommen, Sie hätten Zeit, welche Antwort geben Sie ihm?
a) Das kommt für Sie viel zu überraschend, Sie fühlen sich überrumpelt und lehnen das Angebot ab. **1 Punkt**
b) Sie bitten um eine kurze Bedenkzeit, um die neue Situation beruflich und privat zu regeln. **3 Punkte**
c) Sie sind sofort begeistert und sagen spontan zu – irgendwelche Regelungen können Sie später immer noch treffen. **5 Punkte**

Frage 8 Am Roulettetisch haben Sie auf eine Zahl gesetzt und gewonnen. Was machen Sie nun?
a) Sie stecken das Geld ein und verlassen das Kasino. **1 Punkt**
b) Sie stecken Ihren Einsatz ein und verteilen den Gewinn auf größere Chancen. **3 Punkte**
c) Sie nehmen Einsatz und Gewinn, setzen erneut und hoffen auf einen weiteren Glückstreffer. **7 Punkte**

Frage 9 Sie fahren ein neues Auto der gehobenen Klasse. Würden Sie Ihren Wagen an Freunde oder gute Bekannte ausleihen, die über dieselbe Fahrpraxis wie Sie selbst verfügen?
a) Auf gar keinen Fall. **1 Punkt**
b) Nur, nachdem Sie sich schriftlich bestätigen lassen haben, dass der Fahrer für einen eventuellen Schaden aufkommt. **2 Punkte**
c) Sie verleihen Ihr Fahrzeug ohne weiteres, weil der andere genauso viel Pech haben kann wie Sie. **5 Punkte**

Frage 10 Würden Sie sich auf ein »Blind Date« einlassen, also auf eine Verabredung mit jemandem, den Sie nie zuvor gesehen haben?
a) Nein, garantiert nicht, das ist doch albern. **0 Punkte**
b) Das kommt darauf an – es hängt von meiner Tagesform ab. **1 Punkt**
c) Ja, warum denn nicht, das kann doch ganz lustig werden. **3 Punkte**

Frage 11   Nehmen Sie öfter mal an Preisausschreiben in Zeitungen und Zeitschriften teil?
a) Nein, der Zeitaufwand und das Porto für so etwas sind Ihnen zu schade.   **0 Punkte**
b) Gelegentlich schon, aber mehr aus Spaß und nicht, um wirklich etwas zu gewinnen.   **2 Punkte**
c) Regelmäßig.   **5 Punkte**

Frage 12   Ein junger, unbekannter Künstler möchte Ihnen ein Bild verkaufen. Das Kunstwerk gefällt Ihnen, ist aber nicht ganz billig. Wie entscheiden Sie sich?
a) Sie lassen sich von Ihrem Kopf lenken und entscheiden sich ganz rational. Weil Sie bisher ohne dieses Bild ausgekommen sind, denken Sie sich, dass Sie auch künftig ohne das Bild leben können.   **1 Punkt**
b) Sie möchten das Bild unbedingt haben und verhandeln mit dem Künstler, um den Preis zu drücken.   **3 Punkte**

Frage 13   Bestimmt kennen Sie ein paar strategische Brettspiele, vielleicht können Sie sogar Schach spielen oder kennen zumindest die dort üblichen Züge. Wie würden Sie Ihre Spielweise charakterisieren?
a) Sie überlegen sich jeden einzelnen Zug ganz genau und lassen sich viel Zeit dabei.   **2 Punkte**
b) Sie verlegen sich voll auf Ihren Angriff, setzen ganz auf Sieg und vernachlässigen dafür sogar die Verteidigung.   **4 Punkte**

Frage 14   Wie verhalten Sie sich beim Bezahlen, wenn Sie mit Freunden in ein Restaurant oder eine Kneipe gehen?
a) Sie bestehen immer auf getrennten Rechnungen.   **2 Punkte**
b) Das ist von Fall zu Fall unterschiedlich. Mal übernehmen Sie die Zeche und verteilen auch großzügig Trinkgelder, mal zahlen die anderen.   **5 Punkte**

Frage 15   Sie haben Aktien gekauft, einen Monat danach steigt der Kurswert um 15 Prozent. Sie haben keine Informationen über das Unternehmen und kennen keine Hintergründe des Kursanstiegs. Was tun Sie nun?

a) Sie verkaufen die Aktie und lassen sich den sicheren Gewinn auszahlen. **1 Punkt**

b) Sie halten die Aktie und hoffen, dass der Kurs noch weiter steigt. **3 Punkte**

c) Sie kaufen noch Aktien dazu und hoffen auf weitere Kurssteigerungen. **5 Punkte**

Frage 16 Sie haben Aktien eines Unternehmens gekauft, das nach allen vorliegenden Informationen gut dasteht. Trotzdem sinkt der Kurswert einen Monat nach Ihrer Investition um 15 Prozent. Wie verhalten Sie sich?

a) Sie sehen zu, dass Sie die Aktien loswerden, um weitere Verluste zu vermeiden. **1 Punkt**

b) Sie warten die weitere Entwicklung ab und hoffen auf Besserung. **3 Punkte**

c) Sie kaufen weiter Aktien hinzu, weil Sie jetzt einen guten Einstiegspreis bekommen. **4 Punkte**

Frage 17 Als leitender Angestellter eines jungen Unternehmens können Sie unter zwei Möglichkeiten wählen, um in den Genuss einer Jahreszahlung zu kommen. Welche wählen Sie?

a) Sie entscheiden sich für eine einmalige garantierte Zahlung von 5.000 DM. **1 Punkt**

b) Sie entscheiden sich für Aktien der Firma, die Ihnen im nächsten Jahr einen stattlichen Gewinn bringen können. Es kann aber auch sein, dass Sie Verluste machen. **5 Punkte**

Frage 18 Nehmen wir an, Sie haben unverhofft eine größere Summe geerbt und wollen das Geld gut anlegen. Welche Ziele verfolgen Sie bei Ihrer Anlage?

a) Sie legen Wert auf einen sicheren, aber eher geringen Wertzuwachs. **0 Punkte**

b) Ihnen soll das Geld jederzeit zur Verfügung stehen. **0 Punkte**

c) Sie setzen auf eine relativ hohe Rendite und gehen ein kalkulierbares Risiko ein. **5 Punkte**

d) Sie nehmen ein größeres Risiko in Kauf, um noch höhere Gewinne zu erzielen, denn eigentlich hatten Sie mit dem Geldsegen ja ohnehin nicht gerechnet. **10 Punkte**

Frage 19 Angenommen, Sie hätten den sehr verantwortungsvollen Posten eines Personalchefs. Welche Einstellungspolitik würden Sie eher verfolgen?
a) Sie setzen auf Mitarbeiter, die in erster Linie zuverlässig sind und sich jederzeit unterordnen. **0 Punkte**
b) Sie ziehen qualifizierte Leute vor, die gewohnt sind, ihren eigenen Kopf zu benutzen, was mitunter aber zu Reibereien führen könnte. **4 Punkte**

Frage 20 Gehen Sie hin und wieder eine Wette ein, bei der Sie nicht völlig sicher sind, sie zu gewinnen?
a) Nein, wenn man schon wettet, dann will man schließlich auch gewinnen. **1 Punkt**
b) Ja, man wettet schließlich nicht nur des Gewinns wegen, sondern aus Spaß. **5 Punkte**

Frage 21 Wie haben Sie in der Vergangenheit Ihr Geld bevorzugt angelegt?
a) Sie haben überwiegend in Immobilien investiert. **1 Punkt**
b) Auf dem Sparbuch, in Bundesschatzbriefen, in festverzinslichen längerfristigen Spareinlagen. **2 Punkte**
c) Sie haben Aktien gekauft, in Aktienfonds investiert. **5 Punkte**

Frage 22 Sie möchten einen Kredit von 50.000 DM aufnehmen. Ihre Bank bietet Ihnen sowohl ein Darlehen mit festverzinslichen Konditionen als auch eines mit variablem Zinssatz an. Für welche Möglichkeit entscheiden Sie sich, wenn die Leitzinsen augenblicklich schwanken?
a) Sie wählen den festen Zinssatz, weil Sie davon ausgehen, dass die Zinsen auf langfristige Sicht eher steigen werden. **1 Punkt**
b) Sie entscheiden sich für die variable Möglichkeit, da Sie als Optimist mit sinkenden Zinsen rechnen und immer noch die Chance besteht, eine Zinsbindung einzugehen. **4 Punkte**

Frage 23 Ihnen eröffnet sich die Chance, Teilhaber einer aufstrebenden Firma zu werden. Sie müssten allerdings eine größere Summe einlegen. Wie hoch würden Sie sich dafür verschulden?
a) Bis zu 50.000 DM. **1 Punkt**
b) Bis zu 100.000 DM. **3 Punkte**
c) Bis zu 300.000 DM. **5 Punkte**

Frage 24   Sie haben zum ersten Mal in Ihrem Leben in ein – wie sich später herausstellte – unsicheres Projekt investiert und 20.000 DM verloren. Wie verhalten Sie sich in Zukunft?
a) Sie lassen fortan die Finger von solchen Dingen und gehen auf Nummer Sicher.   **0 Punkte**
b) Sie nehmen sich vor, sich in Zukunft besser zu informieren und stürzen sich gleich ins nächste Abenteuer.   **5 Punkte**

Frage 25   Wer an der Börse spekulieren will, muss bestens informiert sein. Inwieweit unterrichten Sie sich über Aktienkurse, Leitzinsen, Börsennotierungen und das allgemeine wirtschaftliche Geschehen, sowohl national als auch international?
a) Überhaupt nicht. Sie haben auch viel zu wenig Zeit, sich darum zu kümmern.   **0 Punkte**
b) Sie lesen stets den Wirtschaftsteil Ihrer Tageszeitung. **4 Punkte**
c) Sie verfolgen sehr aufmerksam das Wirtschaftsgeschehen und kaufen sich auch entsprechende Fachzeitschriften.   **8 Punkte**

Frage 26   Sie kaufen ein Haus und nehmen dafür eine Hypothek auf. Schätzen Sie, nach wie vielen Jahren im Normalfall die Belastung durch die Rückzahlungsraten geringer ist als die monatliche Miete.
a) Nach etwa 10 Jahren.   **0 Punkte**
b) Nach etwa 25 Jahren.   **2 Punkte**
c) Nach etwa 16 Jahren.   **6 Punkte**

Frage 27   Kennen Sie den durchschnittlichen Effektivzinssatz der Banken in Ihrer Stadt für ein Darlehen um etwa 20.000 DM?
a) Nein, darum kümmern Sie sich nur, wenn Sie gerade ein Darlehen aufnehmen wollen.   **2 Punkte**
b) Ja, darüber hört und liest man ja regelmäßig etwas. **8 Punkte**

Auf der nächsten Seite können Sie herausfinden, ob Sie ein Anleger mit geringer, mittlerer oder hoher Risikobereitschaft sind. Nochmals zur Erinnerung: Die sicherheitsorientierten Anlegertypen 1 und 2 legen ihr Vermögen überwiegend in Immobilien, Sparbriefen und festverzinslichen Wertpapieren an, die Anlegertypen 3 und 4 zeigen durchaus eine gewisse Risikobereitschaft, die Anlegertypen 5 und 6 sind absolut risikobereit und investieren zu 100 Prozent in Aktien.

Auswertung:
Bitte addieren Sie nun Ihre Punkte, und ermitteln Sie Ihre Gesamtpunktzahl.
Anhand der von Ihnen erzielten Punktzahl gehören Sie zum ...

20	40	60	80	100	120	140

... Anlegertyp 1 und 2 mit geringer Risikobereitschaft	... Anlegertyp 3 und 4 mit mittlerer Risikobereitschaft	... Anlegertyp 5 und 6 mit hoher Risikobereitschaft
Die Analyse: Was ist aus diesem Test zu erkennen?		
Sie gehen eher vorsichtig vor und versuchen, Überraschungen weitestgehend zu vermeiden. Deshalb wird Ihr Bauch sich am wohlsten fühlen, wenn Sie sich für Anlagen mit klar kalkulierbaren Erträgen und möglichst wenig Risiko entscheiden. Aktien reizen Sie zwar, aber Sie sollten sich sehr langsam an Börsengeschäfte herantasten und die Einsätze nur ganz allmählich erhöhen.	Sie sind bemüht, bei jeder Entscheidung das Für und Wider sorgfältig abzuwägen. Ihnen macht man so leicht kein X für ein U vor. Sie werden auch kaum alles auf eine Karte setzen, sondern immer auf eine gute Risikostreuung achten. Bei Ihnen besteht eher die Gefahr, dass Sie so lange mit Engagements zögern, bis die Geschäfte gelaufen sind – und dann ärgern Sie sich.	Sie gehen mutig und unvoreingenommen an Neues heran. Gerade deshalb könnten Sie dazu neigen, sich auch zu unnötigen Risiken hinreißen und zu heißen Geschäften überreden zu lassen. Sie gehören zu der Sorte von Anlegern, die – überzeugt von der richtigen Strategie – auch schon mal auf Kredit spekulieren. Vergessen Sie dabei nie, dass es keine Spekulation ohne Risiko gibt.

Welche Anlage kommt für Sie in Frage?

Entscheidend bei der Zusammenstellung einer individuellen Anlagestrategie ist weniger die Frage, was in das Depot gelegt wird, sondern welcher Anlagezweck verfolgt wird. Mögliche Anlagezwecke sind beispielsweise sichere Geldanlage oder aber kontinuierlicher Vermögensaufbau. Folgende vier Faktoren sind dabei zu berücksichtigen:

- Liquidität
- Rentabilität
- Sachwerte
- Spekulation

Die psychologische und die pragmatische Seite

Der nächste Schritt ist die Überlegung, in welchem Verhältnis diese Punkte zueinander stehen. Dabei ist dann einmal die psychologische und zum anderen die pragmatische Komponente zu berücksichtigen. Denn der vorsichtige Anleger mit geringer Risikobereitschaft neigt dazu, immer einen nicht unerheblichen Teil seines Vermögens liquide zu halten. Es ist ihm ein Herzensbedürfnis, das Gefühl auskosten zu können, sich jeden Tag einen guten Teil seines Vermögens nach Hause holen zu können – auch wenn dies in der Praxis höchstwahrscheinlich nie eintreten wird. Aber so ist das nun mal mit der psychologischen Komponente.

Die pragmatische Seite kommt bei dem Anleger mit hoher Risikobereitschaft zum Tragen. Denn da ergibt sich die Liquidität als zwingende Notwendigkeit, um z. B. flexibel auf Veränderungen des Geldmarktes reagieren und schnell kaufen zu können. Andererseits ergibt sich die zum Teil hohe Liquidität dadurch, dass zwischenzeitlich abgerechnete Spekulationen auf ein Geldsammelkonto fließen und das Geld dort bis zum nächsten Einsatz »geparkt« wird.

Aus all diesen Zusammenhängen ergibt sich eine klassische Depotstruktur, die in wesentlichen Zügen den folgenden Darstellungen entspricht. Vor allem aber können die dargestellten Mischungen eine gute Orientierungshilfe sein, wenn man selbst vielleicht noch ein wenig unsicher vor der Vielzahl der sich bietenden Möglichkeiten steht.

Die Musterkombination für die Typen 1 und 2 mit geringer Risikobereitschaft

Die richtige Depotzusammenstellung entscheidet über Gewinne und Verluste.

Schon auf den ersten Blick lässt das Depot erkennen, dass der Anleger vor Überraschungen weitestgehend geschützt sein möchte. Seine Erträge sind klar kalkulierbar. Nun werden Sie sich fragen, wo denn hier der Anteil für die Spekulation bleibt. Die Antwort: Er ist bei der klassischen Anlagenzusammenstellung für den sicherheitsbewussten Anleger gar nicht eingeplant. Die klassische Zusammensetzung eines auf Sicherheit angelegten Depots sieht folgendermaßen aus:

20 %	30 %	50 %
Liquidität	Rentabilität	Sachwerte

Liquidität   Anlagen auf dem Sparbuch, in Festgeldern mit unterschiedlichen Laufzeiten und in Geldmarktfonds.
Rentabilität   Festverzinsliche Wertpapiere mit unterschiedlichen Laufzeiten.
Sachwerte   Geldanlagen in Immobilien (überwiegend zur Selbstnutzung), in offenen Immobilienfonds und Gold.

Wenn Ihnen das nun allzu sicher (und vielleicht langweilig) erscheint, sollten Sie die nächste Musterkombination wählen.

Die Musterkombination für die Typen 3 und 4 mit mittlerer Risikobereitschaft
Hier wird ein kleiner Teil des gesamten Anlagevolumens zur Spekulation eingesetzt. Geld, das zur Spekulation eingesetzt wird, heißt bei Bankern »Spielgeld«. Wir empfehlen diese Depotzusammenstellung auch den sicherheitsbewussten Anlegern vom Typ 1 und 2, die künftig mehr mit ihrem Geld arbeiten wollen.

10 %	40 %	30 %	20 %
Liquidität	Rentabilität	Sachwerte	Spekulation

Liquidität   Anlagen z. B. in Festgeldern, zum Teil mit kurzen Laufzeiten, um schnell auf veränderte Konditionen umschwenken zu können. Für Anlagen bieten sich z. B. zinsattraktive Konten bei den Direktbanken (ohne Filialnetz) an.
Rentabilität   Anlagen in festverzinsliche Wertpapiere, z. B. in DM-Auslandsanleihen oder Pfandbriefe.
Sachwerte   Selbst genutztes Wohneigentum oder die klassischen Immobilienanlagen wie Direkterwerb zur Vermietung und offene Immobilienfonds, aber auch die mit größerem Risiko behafteten geschlossenen Immobilienfonds, die oft als Steuersparmodelle angeboten werden – speziell in Ostdeutschland.
Spekulation   Als Anlagen kommen vor allem Aktienfonds oder der Kauf von Standardwerten überwiegend vom nationalen Markt in Frage. Die Spekulation geht hier noch nicht so weit, dass in Nebenwerte investiert wird oder risikobehaftete Aktien aus so genannten Emerging Markets (Schwellenländern) gekauft werden.

Hier wird zwar Spekulation betrieben, aber zunächst noch auf kleiner Flamme gekocht.

Die Musterkombination für die Typen 5 und 6 mit hoher Risikobereitschaft

Hier zeigt sich nicht nur am hohen Spekulationsanteil der Mut zum Risiko, sondern auch an der Streuung der Spekulationsanlagen. Sachwerte spielen bei der Anlagenmischung nur insofern eine Rolle, als eventuell eine selbst genutzte Immobilie vorhanden ist. Diese wird aber vom Anleger selbst meistens gar nicht als »Kapital« angesehen, ist also auch bei unserer Depotdarstellung nicht berücksichtigt.

20 %	30 %	50 %
Liquidität	Rentabilität	Spekulation

Vorübergehend kann die Liquiditätsreserve auch schon mal auf zehn Prozent absinken.

Liquidität   Der etwas größere Stellenwert der Liquiditätsreserve ist folgendermaßen zu erklären: Auf einem Geldsammelkonto (mit hohem Zins) – eventuell sogar als Währungskonto, um auch da noch zu spekulieren, oder auf Festgeldkonten mit kurzer Bindungszeit (max. 30 Tage) – werden Beträge »geparkt« oder angehäuft, die dann wieder in spekulative Engagements gesteckt werden. Umgekehrt fließen die Gelder aus abgeschlossenen Spekulationen vorübergehend in den Liquiditätsanteil.

Rentabilität   Risikoreichere Papiere als in den beiden anderen Musterdepots. So fließen die Anlagen unter anderem in Währungsfonds mit kurzer Laufzeit, in Währungsanleihen (weltweit) mit kurzen Laufzeiten unter vier Jahren und in große internationale Rentenfonds.

Spekulation   Aktienkauf von Nebenwerten, bei denen unternehmens- oder branchenbezogen Kursphantasie vorhanden ist. Wem das noch nicht Spekulation genug ist, der mischt dazu Optionsscheine auf deutsche Standardwerte oder internationale Blue Chips. Blue Chips, so heißen im Börsenjargon die Standardwerte. Zu ihnen gehören unter anderem AT&T, Philipp Morris oder General Motors. In Deutschland halten wir es lieber mit Daimler, VW, der Deutschen Bank oder Bayer. Blue Chips gelten als relativ kursträge, aber sie bieten eine stabile Dividende.

VON A BIS Z:
DIE HÄUFIGSTEN FRAGEN UND ANTWORTEN

Leserfragen zu unseren anderen Büchern über Geldgeschäfte waren es, die für uns den Ausschlag gaben, dieses Buch speziell für Börseneinsteiger zu schreiben. Und obwohl wir auf viele der in diesen Fragen angeschnittenen Punkte später noch detailliert eingehen werden, möchten wir an dieser Stelle schon einmal die häufigsten Fragen und Antworten knapp zusammenfassen – sozusagen als Einstieg in die Welt der Banker und Börsianer.

Aktie: Was genau ist das eigentlich?
Grundsätzlich besteht jede Aktie aus »Mantel« und »Bogen«. Der Mantel ist mehr oder weniger künstlerisch gestaltet. In jedem Fall aber trägt er den Namen der Gesellschaft und weist einen Betrag als Nennwert aus. Als Besitzer der Aktie sind Sie mit diesem Anteil am Grundkapital des Unternehmens beteiligt (mit dem Kurswert am Gesamtvermögen des Unternehmens). Die Bezeichnung »Aktie« leitet sich aus dem römischen Recht ab: actio = Anteilsrecht. Als Teilhaber des Unternehmens steht Ihnen auch ein Teil des Gewinns zu. Das wäre die Dividende für Aktionäre.

Gegen Vorlage eines Kupons bekommen Sie die jeweilige Dividende ausgezahlt.

Der Bogen drückt das Anrecht auf Ihre Ausschüttungen aus; er besteht aus 10 oder 20 Dividendenscheinen (Kupons) sowie einem Erneuerungsschein (Talon), für den Sie jeweils einen neuen Bogen bekommen (wenn die alten Kupons verbraucht sind).

Aktienkurse: Gibt es einen Zusammenhang zu den Arbeitslosenzahlen?
Beim Vergleich von konkreten Zahlen sieht es ganz danach aus, als belohne die Börse Jobkiller:
- Von 1991 bis Ende 1996 nahm die Zahl der Erwerbstätigen in Deutschland stetig ab – um insgesamt 2,3 Millionen.
- Von 1991 bis Ende 1996 stieg der Deutsche-Aktien-Index beständig an, kam insgesamt auf ein Plus von 247 Prozent.

Tatsächlich lösen regelmäßig Meldungen über den Arbeitsplatzabbau bei börsennotierten Unternehmen Kursentwicklungen nach

Arbeitsplatzabbau führt zumindest kurzfristig häufig zu höheren Kursen.

oben aus. Darin spiegelt sich die Hoffnung der Aktionäre auf steigende Gewinne durch sinkende Kosten wider. Allerdings hat hier mittlerweile ein Umdenken eingesetzt. Denn durch allzu radikale Entlassungswellen ist bei manchen Unternehmen nicht nur überflüssiges Fettgewebe, sondern auch gesundes Muskelfleisch weggeschnitten worden – so die Ansicht von Stephen Roach, seines Zeichens Chefökonom der New Yorker Investmentbank Morgan Stanley. Ebenso, wie die Welle der Profitsteigerung für Aktionäre (Shareholder-value-Konzept) in Amerika ausgelöst wurde und von dort nach Deutschland schwappte, ist in den USA bereits eine deutliche Gegenbewegung zu verspüren. Dort hat sich bereits die Erkenntnis durchgesetzt, dass die Konzernchefs nicht nur auf die Aktionäre, sondern auch auf Angestellte und Kunden Rücksicht nehmen müssen – im Zweifelsfall ist deren Stimmung nämlich für den langfristigen Erfolg des Unternehmens wichtiger als der kurzfristige Erfolg durch höhere Kapitalrenditen für die Anteilseigner.

Börsen: Warum gibt es sie eigentlich?

Die Börse ist ein öffentlicher und nach festen Gesetzen organisierter Markt, an dem Preise für so genannte »Effekten« gebildet und diese Effekten gehandelt werden – damit sind Wertpapiere gemeint, also Urkunden über langfristige Kapitalanlagen. Dazu gehört auch die Aktie, mit der ein Anleger seine Kapitalbeteiligung an einem Unternehmen bestätigt bekommt. Die Börse soll unabhängig von einem Einzelunternehmen (Bank) die Möglichkeit bieten, sich Kapital zu beschaffen oder Kapital anzulegen. Andererseits drehen die privatwirtschaftlichen Banken gewaltig mit am Börsenrad: An der Deutschen Börse AG in Frankfurt halten z. B. Dresdner Bank und Commerzbank zusammen mit der BHF-Bank, der Bayerischen Vereinsbank, der Bayernhypo, der Deutschen Genossenschaftsbank und der Südwestdeutschen Genossenschafts-Zentralbank zusammen schon weit über 25 Prozent der Anteile, außerdem sind weitere Banken und freie Makler beteiligt.

Börsenplätze: Warum gibt es eigentlich mehrere Börsen in Deutschland?

Das hat einerseits historische Gründe – denn früher wäre es z. B. für einen Hamburger Kaufmann mangels Telekommunikationseinrichtungen und Verkehrsverbindungen kaum möglich gewesen, sich an der Frankfurter Börse zu beteiligen. Andererseits gibt es eine Reihe von Unternehmen, die nur an bestimmten Börsen z. B. die Zulassung zum Freiverkehr erhalten haben. Dabei spielt oft auch die regionale Bedeutung des Unternehmens eine Rolle. Zur Zeit gibt es in Deutschland acht Börsenplätze:

- Berlin
- Bremen
- Düsseldorf
- Frankfurt/Main
- Hamburg
- Hannover
- München
- Stuttgart

Wegen der immer stärkeren Bedeutung des größten deutschen Börsenplatzes Frankfurt (rund 80 Prozent Marktanteil) gibt es allerdings seit einiger Zeit um den Fortbestand der kleineren Börsenplätze heiße Diskussionen.

Viele Unternehmen sind nur an einer bestimmten Börse zugelassen.

Als erster Schritt zur Verschmelzung kann angesehen werden, dass seit dem 1. Juli 1997 alle deutschen Börsen kooperieren und ein gemeinsames Orderbuch führen, durch das für die 100 wichtigsten Aktien quasi ein gemeinsamer Kurs festgelegt wird – unabhängig vom jeweiligen Ort des tatsächlichen Handels. Für den Anleger ist dies zu begrüßen, weil er sich nicht mehr darum sorgen muss, ob sein Auftrag an der Börse mit dem aktuell niedrigsten Kauf- und höchsten Verkaufskurs ausgeführt wurde.

Allerdings waren auch im Januar 1998 noch nicht alle Regionalbörsen an das neue elektronische Xetra-Handelssystem angeschlossen, was Umsatzeinbußen und eine Abkoppelung vom zentralen Börsengeschehen befürchten lässt.

DAX®: Was hat es eigentlich damit auf sich?

Der Deutsche Aktienindex (DAX®) wird während der Börsenhandelszeit alle 15 Sekunden neu berechnet und gibt mit seinem Indexwert Auskunft über Kurs- und Ertragsverlauf der 30 wichtigsten Aktien in Deutschland. Dabei entspricht der Indexwert 1.000 dem Jahresschlussstand von 1987. In der Praxis nimmt der Index also einen Anleger an, der am 31. Dezember 1987 einen Betrag von 1.000 DM so in alle Aktientitel investiert hat, wie sie im DAX® gewichtsmäßig zusammengesetzt sind. Anfang Juli 1997, als der DAX® erstmals die Grenze von 4.000 Punkten durchbrach, hätte der Anleger also aus seinem Startkapital 4.000 DM gemacht. Denn der DAX® zu einem bestimmten Zeitpunkt gibt den absoluten DM-Wert

Der DAX gibt nur einen Durchschnittswert von 30 Unternehmen an.

an, den die Anlage seitdem angenommen hat, wenn alle Erträge wieder angelegt werden. Vorteil für alle Börseninteressierten: Man muss nicht lange einzelne Kurse vergleichen oder Dividenden nachschlagen, um sich schnell einen Überblick über den Gesamttrend der Börse zu verschaffen. Es genügt ein Blick auf den DAX®. Ist er gegenüber dem Vortag, dem Jahresbeginn oder einem anderen Zeitpunkt gestiegen, war der Kursverlauf ingesamt positiv – auch wenn einige Aktienwerte durchaus in eine andere Richtung marschiert sein können. Schwierig würde es aber für einen Anleger, wollte er sein eigenes Depot genau der Zusammensetzung des DAX® (siehe Grafik auf dieser Seite) anpassen: Er müsste über 60.000 DM anlegen, um seine Aktien genau entsprechend dem DAX® zu gewichten.

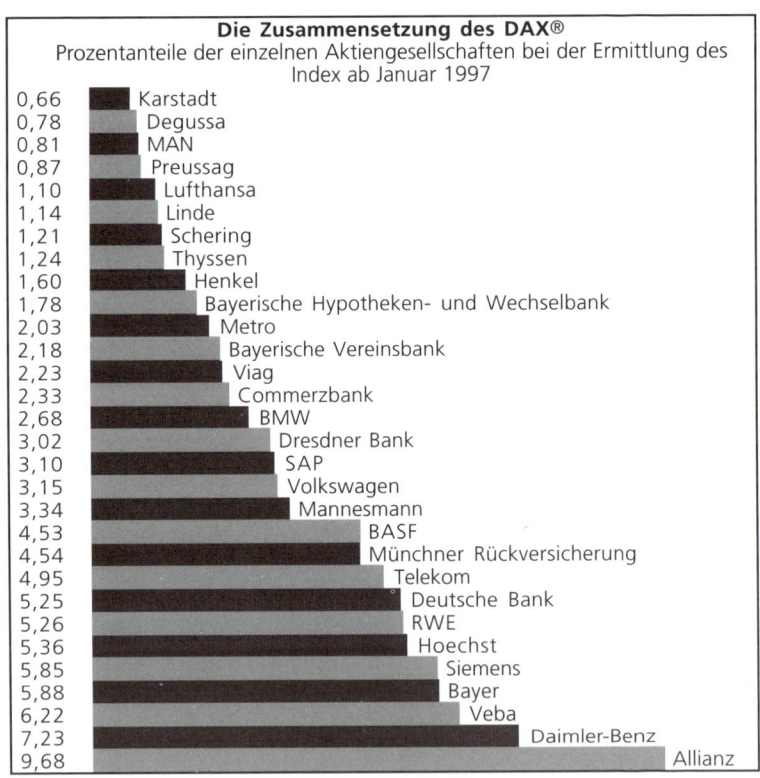

Die Zusammensetzung des DAX®
Prozentanteile der einzelnen Aktiengesellschaften bei der Ermittlung des Index ab Januar 1997

0,66	Karstadt
0,78	Degussa
0,81	MAN
0,87	Preussag
1,10	Lufthansa
1,14	Linde
1,21	Schering
1,24	Thyssen
1,60	Henkel
1,78	Bayerische Hypotheken- und Wechselbank
2,03	Metro
2,18	Bayerische Vereinsbank
2,23	Viag
2,33	Commerzbank
2,68	BMW
3,02	Dresdner Bank
3,10	SAP
3,15	Volkswagen
3,34	Mannesmann
4,53	BASF
4,54	Münchner Rückversicherung
4,95	Telekom
5,25	Deutsche Bank
5,26	RWE
5,36	Hoechst
5,85	Siemens
5,88	Bayer
6,22	Veba
7,23	Daimler-Benz
9,68	Allianz

Depot: Wie wird die von mir gekaufte Aktie eigentlich verwahrt?

Das hängt ganz von Ihnen und von der jeweiligen Aktie ab. Denn bei einem effektiven Stück (also einem tatsächlich vorhandenen, gedruckten Wertpapier) können Sie jeweils gegen Vorlage eines Kupons die Dividende direkt von der Aktiengesellschaft oder von einer damit beauftragten Bank ausgezahlt bekommen. Das ist aber sehr aufwendig. Effektive Stücke werden deshalb kaum noch gehalten, sind gelegentlich nur noch bei festverzinslichen Wertpapieren lieferbar. Diese kann man dann

Die Bank zahlt Ihnen automatisch die jeweilige Dividende aus.

theoretisch zu Hause in den Tresor legen, wo auch ein Finanzbeamter nicht ohne weiteres hineinschauen kann. Üblich ist es heute, dass man seiner Bank die Aktien zur Aufbewahrung überlässt – das nennt sich dann Girosammelverwahrung. Sie bekommen also Ihre Aktie nie persönlich in die Hand, auch zwischen den Banken und Börsen werden keine Lkw-Ladungen mit Wertpapieren herumgekarrt, sondern Kauf, Verkauf und Besitz werden wie beim Zahlungsverkehr festgehalten. Dafür richtet Ihnen die Bank ein Depotkonto ein. Für ein solches Depotkonto fallen in der Regel Gebühren an, die von Bank zu Bank sehr stark variieren können. Während die einen Banken einen Pauschalbetrag verlangen, richtet sich die Gebühr bei anderen nach der jeweiligen Höhe des Kapitals, das sich im Depot befindet. Die meisten deutschen Geldinstitute erheben eine jährliche Gebühr von mindestens 40 DM.

Fünf-Mark-Aktie: Gibt es wirklich eine Aktie zu diesem Preis?

Es handelt sich dabei nur um den Nennwert. Das ist der Anteil am Grundkapital, für den die jeweilige Aktie steht. Er beträgt bei uns 5 (früher 50) DM. Der Wert eines Unternehmens als Verkaufspreis an einen möglichen Übernehmer richtet sich aber nicht nach dem Grundkapital, sondern nach dem Ertragswert (anhand von Gewinnen) und Substanzwert (anhand der zu erwerbenden Gegenstände) bzw. er wird anhand einer Mischung dieser beiden Größen ermittelt. Und diese Summe sollte bei einem gesunden Unternehmen immer über dem Grundkapital liegen. Deshalb bekommen Sie keine Aktie zum Nennwert.

Chronik: Seit wann gibt es eigentlich Börsen – und wie war das mit dem »schwarzen Freitag«?

1409 wird die erste Börse der Welt in Brügge eröffnet und nach der Kaufmannsfamilie Van der Buerse benannt.

1540 werden nahezu zeitgleich die ersten beiden deutschen Börsen in Nürnberg und Augsburg gegründet, damals deutsche Zentren des Handels (Fugger).

1554 wird die Londoner Börse (Royal Exchange) gegründet.

1602 wird an der damals weltweit wichtigsten Börse in Amsterdam als vermutlich erste Aktie der Welt (nach heutigem Begriffsverständnis) das Wertpapier der Niederländischen Ostindischen Kompagnie gehandelt.

1720 ereignet sich der erste aktenkundige Börsencrash der Geschichte – ausgelöst durch zu hohe britische Staatsschulden kam es zu einer Überbewertung der South Sea Company, weil ein Teil der Schulden in Aktien dieser Gesellschaft umgewandelt wurde (weshalb Finanzminister grundsätzlich mit der Privatisierung von Staatseigentum vorsichtig sein sollten, um Schulden abzubauen)

1756 werden die ersten deutschen Aktien in Berlin gehandelt.

1792 wird die New Yorker Börse (Stock Exchange) eröffnet.

1820 beginnt der Aktienhandel an der Börse in Frankfurt/Main.

1840 erlebt Deutschland den ersten Börsenboom, der Aktienhandel kommt durch den fortschreitenden Eisenbahnbau und den dafür erforderlichen Geldbedarf in Schwung.

1873 melden mehrere amerikanische Eisenbahngesellschaften Zahlungsunfähigkeit an – es kommt zur ersten Börsenschließung der Geschichte in New York.

1929 enden die »goldenen zwanziger Jahre« durch den »schwarzen Freitag«, den größten bisher dagewesenen Börsencrash. Der Dow Jones Index fällt in den darauf folgenden drei Jahren um über 900 Prozent – alle Börsen der Welt werden mitgerissen. Es beginnt die Weltwirtschaftskrise.

1971 wird in New York die erste elektronische Börse der Welt gegründet, die National Association of Deales Automated Quotation System (NASDAQ).

1987 ereignet sich erneut ein »schwarzer Freitag«, der diesmal allerdings auf einen Montag im Oktober fällt: Nach langer Kurseuphorie bricht der überhitzte Markt in New York zusammen. Der Börsencrash hat weltweite Auswirkungen. Der Dow Jones fällt innerhalb von vier Wochen um 25 Prozent, der DAX® folgt fast auf dem Fuße.

Haftung: Wenn ich als Aktionär Mitinhaber eines Unternehmens bin – hafte ich dann auch?

Nein, die Verantwortung für das Unternehmen tragen allein Vorstand und Aufsichtsrat. Sie riskieren allenfalls, dass bei einem Zusammenbruch des Unternehmens für Ihre Aktie nicht mal mehr der Nennwert zu bekommen ist.

Für Schulden des Unternehmens müssen Sie als Aktionär nicht haften.

Hauptversammlung: Wann darf ich daran teilnehmen, und wie kann ich da mitreden?

Teilnehmen dürfen Sie, sobald Ihnen nur eine einzige Aktie des jeweiligen Unternehmens gehört. Mit dem Mitreden ist das allerdings so eine Sache. Allen Aktionären wird vorher eine Tagesordnung zugeschickt, auf der bereits die Anträge des Vorstands und Aufsichtsrats dargestellt werden. Der Aktionär kann außerdem selbst Anträge stellen. Wer nicht zur Hauptversammlung geht, kann das Stimmrecht auf seine Bank übertragen und sie anweisen, zu bestimmten Anträgen ein bestimmtes Votum abzugeben. Wer dies unterlässt, erteilt der Bank praktisch freie Hand beim Abstimmungsverhalten. Und genau da liegt der Knackpunkt, denn die wenigsten Aktionäre erscheinen selbst zur Hauptversammlung und die meisten Anteile werden meistens durch Beauftragte der Banken vertreten.

Die gleichen Banken aber haben meist eigene Leute im Aufsichtsrat der Unternehmen sitzen. Und so kommt es, dass auf den meisten Hauptversammlungen nicht der gesunde Menschenverstand des einzelnen Aktionärs, sondern die geballte Stimmrechtsmacht der Banken zum Zuge kommt.

Beispiel *Zur Hauptversammlung der Bayerischen Hypotheken- und Wechselbank (Hypobank) am 23. Mai 1995 gingen mehrere Anträge von Minderheitsaktionären ein. Der Vorstand schlug in allen Fällen die Ablehnung der Anträge vor – wen wundert's! Denn Vorstandsposten werden (fast immer) nach Abstimmung mit den Banken vergeben. Einer der Anträge zur oben genannten Hauptversammlung sah aber vor, das Stimmrecht zu begrenzen. Mit anderen Worten: Auch das Votum einer Depotbank hätte danach nicht mehr den Anteilen aller von ihr vertretenen Aktionäre entsprochen, sondern wäre auf jeweils 50.000 Aktien zum Nennwert von 50 oder*

29

500.000 Aktien zum Nennwert von fünf Mark begrenzt worden. Natürlich wurde dieser Antrag im Vorwege vom Vorstand abgelehnt – man muss den Bankvertretern schließlich dankbar sein, will seinen Posten behalten. Und in der Hauptversammlung wurde der Antrag ebenfalls abgelehnt – mit den Stimmen der Banken. Wundert uns das? Fazit: In der Welt der Aktiengesellschaften kontrollieren sich die Kontrolleure selbst.

Die im Dezember 1997 beschlossene Reform des Aktienrechts soll hier für Verbesserungen sorgen. Zum Beispiel ist danach kein Depotstimmrecht mehr für Banken vorgesehen, wenn sie am Unternehmen mit mehr als 5 % beteiligt sind. Die Bank muss diejenigen Aktionäre unterrichten, die sie vertreten will. Die Bank muß darin offenlegen, ob sie selbst an der AG beteiligt ist oder eigene Leute in deren Aufsichtsrat sitzen hat. Banken sollen außerdem in ihrem Jahresabschluss über alle Beteiligungen ab 5 % sowie alle Mandate in Vorständen und Aufsichtsräten Rechenschaft ablegen.

Kontrolle: Werden Börsengeschäfte staatlich überwacht?

Ja, allerdings gibt es da mehrere »Härtegrade«. Der amtliche Handel wird durch das Börsengesetz geregelt. Daran beteiligen dürfen sich nur Makler (englisch: Broker), die von der jeweiligen Landesregierung bestellt werden. In diesem Markt werden die höchsten Umsätze erzielt, er gilt als das »Herz« des deutschen Börsengeschehens. Scharf kontrolliert wird unter anderem, ob Insidergeschäfte getätigt werden.

Verbotene Insidergeschäfte müssen juristisch verfolgt werden.

Weniger scharfe Regeln gelten in folgender Abstufung für die anderen Bereiche des Aktienmarktes:

- Der geregelte Markt ist auch Börsengesetzen unterworfen; Zulassungsbedingungen für Börsennotierung sind weniger streng.
- Der geregelte Freiverkehr (keine amtliche Zulassung für notierte Firmen) unterliegt nicht den Börsengesetzen.
- Der ungeregelte Freiverkehr kann sich im rechtlichen Niemandsland abspielen.

Kredit: Soll ich mir für Spekulationen Geld von der Bank leihen?

Nein, davon raten wir dringend ab. Als Begründung geben wir Ihnen ein einfaches Rechenbeispiel: Es war fast eine Sensation, als Konsumentenkredite (normale Ratenkredite) im Frühjahr 1997 erstmals zu Zinssätzen unter zehn Prozent angeboten wurden. Etwas höher (durchschnittlich um einen Prozentpunkt) liegen normalerweise die Zinsen für Dispositionskredite (Kontoüberziehungen). Egal, wie Sie sich das Geld für Ihre Spekulation beschaffen, ob per Ratenkredit oder durch Kontoüberziehung: Sie werden mit etwa zehn Prozent Zinsen als Kosten rechnen müssen. Die Rendite von Aktien liegt aber, über lange Zeiträume betrachtet, unter diesem Zinssatz. Der Kredit kostet Sie also mehr als die Spekulation aller Wahrscheinlichkeit nach einbringt. Auch in Zeiten rasanter Kursanstiege wie im Frühjahr 1997 raten wir von Spekulationen auf Kredit ab. Denn niemand kann Ihnen garantieren, wie lange der Höhenflug der Kurse anhält – aber wir können Ihnen garantieren, dass auch nach einem Crash der Kurse die Bank ihr Geld zurückhaben will. Sie wären gezwungen, Verluste eventuell sofort zu realisieren. Anders als ein Anleger, der Guthaben in Aktien investiert, können Sie also nicht ruhig abwartend auf steigende Kurse hoffen.

Experten-Tip

Wer kein Geld zum Spekulieren hat, für den sind Aktien der falsche Weg (siehe auch unsere zehn Grundregeln auf Seite 7f.). Allerdings kann man auch einen finanziellen Nullpunkt zum Startzeitpunkt seiner Börsengeschäfte wählen: In solchen Fällen wäre ein Investment-Sparplan (siehe Seite 147f.) zum Vermögensaufbau sinnvoll.

Kreditsicherheit: Kann ich meine Anlagen bei der Bank beleihen?

Im Gegensatz zur Spekulation auf Kredit kann es sehr sinnvoll sein, ein schon vorhandenes Aktiendepot als Sicherheit für ganz andere Zwecke als die Spekulation zu verwenden (Immobilienkauf, Autokauf usw.). Wer nämlich seine Aktien oder Investmentfondsanteile beleiht, kann gegenüber Grundschulddarlehen (Zinssatz Anfang 1998 bei knapp über sechs Prozent für zehn Jahre) oft noch einmal ein Prozent niedrigere Zinsen beim Geldgeber heraushandeln. Der Grund hierfür liegt auf der Hand: Die Sicherheit lässt sich, für den Fall, dass etwas schief geht, schneller von der Bank verwerten als eine Immobilie.

Kursbewegungen: Wie kommt es eigentlich, dass die Kurse schwanken?

Wir haben der Frage »Was passiert wann mit den Kursen?« einen besonderen Abschnitt (siehe ab Seite 88) gewidmet.

In erster Linie wird der aktuelle Aktienkurs durch die Ertragslage eines Unternehmens bestimmt. Dafür kommt es auf die Situation der gesamten Wirtschaft und die politischen Rahmenbedingungen an, vor allem aber entscheidet darüber die Fähigkeit des Managements, sich am Markt zu behaupten oder mit widrigen Umständen gut fertig zu werden. Indirekt beeinflussen aber auch Ereignisse aus dem Bereich der Wirtschafts-, Währungs- und Geldpolitik den Aktienmarkt.

Neue Aktien: Besserer Schnitt bei Neuemissionen?

Das kommt ganz darauf an, zu welchem Ausgabepreis Sie die Papiere erhalten. Selbst die mit großem Werbeaufwand im Herbst 1996 eingeführte Telekom-Aktie konnte bis Ende 1997 nicht die Kursentwicklung des gesamten Marktes innerhalb desselben Zeitraums verzeichnen. Und das, obwohl sie von allen an der Börseneinführung beteiligten Großbanken über den grünen Klee gelobt wurde. Recht behielten die nicht beteiligten Banken, die lange vor einer Überbewertung der Aktie warnten. Und tatsächlich musste die Telekom im Januar 1998 ihren Gewinn für das Vorjahr um rund zwei Milliarden nach unten korrigieren, was etwa 40 Prozent entsprach – woraufhin die Kurse auf 29,40 stürzten, also fast zurück bis auf den Ausgabekurs.

Irrtum oder Schwindel?

Wir haben die Analysen sehr sorgfältig beobachtet und hatten den Eindruck, dass die beteiligten Banken mit doppelter Zunge gesprochen haben. Denn es lässt sich schlecht mit der linken Hand kassieren (sprich: an der Börseneinführung verdienen) und mit der rechten Hand Ohrfeigen austeilen. Die Banken haben sich bei ihren Prognosen wohl eher davon leiten lassen, dass sie bei weiteren Verkäufen von Staatseigentum wieder im Boot sitzen wollten.

Auf die Aussagen der beteiligten Banken bei einer Emission (Ausgabe, Markteinführung) sollten Sie sich besser nicht verlassen. Und weil bei neuen Unternehmen an der Börse auch Geschäftsverläufe meist nur aus eigenen Darstellungen abzulesen sind und Managementfehler kaum an die große Glocke gehängt werden, lässt sich die Geschäftstüchtigkeit des Unternehmens und sein Geschick am Markt nur eingeschränkt beurteilen. Das Risiko kann deshalb sogar noch größer sein als bei alteingeführten Gesellschaften.

Parkett: Was meint eigentlich die Bezeichnung »Börsenparkett«?

Achten Sie mal genau auf den Fußboden, wenn Bilder vom Frankfurter Börsensaal in Zeitschriften gedruckt oder im Fernsehen gezeigt werden: Da gibt es tatsächlich ein Parkett wie in manchen Wohnzimmern. Als Parketthandel bezeichnet man deshalb die Geschäfte, die direkt an der Börse getätigt werden. Und wenn über irgendwelche Gerüchte berichtet wird, die man »auf dem Parkett« hören kann, dann sind damit ebenfalls die Aussagen derjenigen gemeint, die sich dort bewegen.

Seriosität: Bietet die Börse eine gewisse Sicherheit vor Schwindelfirmen?

Das kommt darauf an, wie man den Begriff »Schwindel« auslegen will. Weitestgehend ausgeschlossen ist zwar, dass am amtlich kontrollierten Handel Unternehmen teilnehmen, die kurz vor der Pleite stehen. Wenn aber ein absolut sauberes Verhalten gegenüber Öffentlichkeit und Inhabern (Aktionären) gemeint ist, müssen wir diese Frage leider mit nein beantworten. Zwar unterliegen die Aktiengesellschaften – je nachdem, an welcher Form des Handels sie teilnehmen – zum Teil strengen Rechts- und Zulassungsvorschriften. Aber als Schwindel könnte man auch folgendes Verhalten der am streng kontrollierten amtlichen Handel teilnehmenden Firmen bewerten:

Fall 1   Falsche Angaben zum erwarteten Geschäftsverlauf – wie bei Daimler-Benz im Zusammenhang mit dem Abgang des ehemaligen Chefs Edzard Reuter

Fall 2   Verschwiegene hohe Rückstellungen und Beteiligungen zu Lasten von Dividendenzahlungen – wie bei Siemens im Jahre 1993

Fall 3   Eine unheimliche Bankenallianz durch Überstimmen von Kleinaktionären, um eventuelle Managementfehler eigener Vertreter abzusegnen – wie im Zusammenhang mit den dubiosen Vorfällen um das Desaster der Frankfurter Metallgesellschaft, bei denen Aufsichtsräte der Deutschen Bank eine zweifelhafte Rolle spielten, aber dennoch im Amt blieben

Alle eben namentlich erwähnten Unternehmen gehörten zum Zeitpunkt der Ereignisse zu den Standardwerten am deutschen Aktienmarkt. Trotzdem könnte man den einen oder anderen Vorgang auch als Schwindel bezeichnen.

Sie können Ihrer Bank den Auftrag erteilen, auch internationale Aktien zu kaufen.

Weltbörsen: Kann ich ganz einfach auch Anteile ausländischer Firmen kaufen?

Ja, jederzeit. Es gibt eine Reihe großer internationaler Unternehmen, die auch an der deutschen Börse zu bekommen sind. Ebenso werden die Aktien deutscher Firmen auch an ausländischen Börsen gehandelt. Sind internationale Aktien in Deutschland nicht zu bekommen, wird Ihre Bank für Sie im Ausland aktiv. Das ist für Sie genauso einfach wie der Kauf in Deutschland – aber teurer.

WICHTIGE BÖRSENFACHBEGRIFFE

Börsianer-Kauderwelsch

Agio
Aufschlag bei Wertpapieren. Differenz zwischen Ausgabepreis bei Neuausgabe (z. B. fünf oder 50 DM) und Nennbetrag im Börsenhandel, bildet zusammen mit dem → Nennwert den → Kurswert einer → Aktie zu deren Börsenstart.

Aktie
Wertpapier, das einen Anteil am Vermögen einer → Aktiengesellschaft verbrieft. Der Eigentümer ist damit Teilhaber des Unternehmens und hat Anspruch auf eventuell ausgezahlte → Dividende sowie, falls er Inhaber einer → Stammaktie ist, auf Wahrnehmung seines → Stimmrechts auf der → Hauptversammlung.

Aktiengesellschaft
Unternehmen, dessen → Grundkapital in Form von Aktien verbrieft wird. Die einzelnen Aktionäre sind nicht nur Miteigentümer der Gesellschaft, sondern auch Mithafter, allerdings nur mit dem → Nennwert der → Aktie.

Amtlicher Handel
Hier gelten für den Handel mit Wertpapieren die strengsten gesetzlichen Vorschriften. Die Geschäfte wickeln amtliche Makler ab.

Die Emittenten werden nur zugelassen, wenn sie z. B. einen Zulassungsprospekt auf der Grundlage dreier Jahresabschlüsse vorlegen, Zwischenberichte veröffentlichen, einen voraussichtlichen Mindestgesamtkurswert von zweieinhalb Millionen Mark nachweisen und eine Bank als Mitantragsteller nennen, die zum Börsenhandel zugelassen ist.

Anleihe
Sammelbegriff für alle festverzinslichen Wertpapiere, ausgegeben von der öffentlichen Hand oder Unternehmen, die damit Investitionen finanzieren. Eine Anleihe ist praktisch ein Schuldschein: Während der Laufzeit (z. B. zehn Jahre) gibt es regelmäßig garantierte Zinsen, am Ende das eingezahlte Kapital zurück. Ein anderer Name dafür ist Rentenpapier.

Baisse
Starke Kursrückgänge an der → Börse über einen längeren Zeitraum.

Bären
Schwarzseher an der Börse, die mit dem baldigen → Crash rechnen.

Berichtigungsaktie
Wenn eine → Aktiengesellschaft offene Rücklagen in gezeichnetes → Grundkapital umwandelt, werden die zusätzlichen Aktien an die Altaktionäre ausgegeben. Der Anteil für jeden Aktionär bleibt auf diese Weise konstant, verteilt sich jedoch auf eine größere Zahl von Aktien.

Bezugsrecht
Mitunter erhöht eine → Aktiengesellschaft ihr Kapital durch die → Emission neuer Aktien. Der Altaktionär erhält dann Gelegenheit, seinen Anteil am Grundkapital durch den Kauf neuer Aktien konstant zu halten. Dieses Bezugsrecht kann wahrgenommen oder verkauft werden.

Bilanz
Am Ende des Geschäftsjahres werden aktive und passive Posten (Soll und Haben) einander gegenübergestellt und so der Vermögensstand eines Unternehmens ermittelt.

Blue Chips
Amerikanische Bezeichnung für solide → Standardwerte mit hoher Anlagequalität.

Bonus
Außerordentliche Zahlungen an die Aktionäre über die → Dividende hinaus, resultierend z. B. aus Sondererträgen.

Börse
Bestimmter Handelsplatz für Wertpapiere – nämlich der Ort, wo Angebot und Nachfrage zugelassener Wertpapiere zusammentreffen. Der börsliche Präsenzhandel (Parketthandel) gliedert sich in drei Teilmärkte: amtlicher Handel, geregelter Markt und Freiverkehr. Außer im Präsenzhandel ist der Handel über die Computerbörse (IBIS) möglich. In Deutschland stehen die Wertpapierbörsen unter staatlicher Aufsicht, der Börsenvorstand entscheidet über die Zulassung von Personen zum Börsenhandel.

Briefkurs
Kurs, zu dem Wertpapiere oder Devisen verkauft werden sollen. Ein B im Börsenteil der Tageszeitung bedeutet, dass zu diesem Kurs Verkaufsangebote vorlagen, sich jedoch keine Käufer fanden. Gegensatz: Geldkurs, der den Kaufpreis angibt. Für den Anleger stellt sich der Briefkurs regelmäßig höher dar als der Geldkurs.

Broker
Englischer Ausdruck für Börsenmakler.

Bullen
Optimisten an der Börse, Gegenteil von → Bären.

C-DAX®
C ist hier die Abkürzung von Composite und bedeutet eine Anzahl von Aktienindizes aus einer bestimmten Branche. Dementsprechend schließt beispielsweise der C-DAX®-Elektro alle Aktien von Unternehmen ein, die aus der Elektrobranche stammen. Der C-DAX®-Gesamtindex dagegen fasst alle Branchenindizes zusammen und berücksichtigt sämtliche Aktien, die an der Frankfurter Börse amtlich notiert werden.

Cashflow
Kennzahl, die etwas über den Liquiditätsüberschuss eines Unternehmens aussagt – nach Steuern. Hier spielen Jahresüberschuss, Rückstellungen und Abschreibungen eine wichtige Rolle. Der Cashflow hilft somit, ein Unternehmen u. a. nach seiner Investitionskraft, Vorsorge und Dividendenausschüttung zu beurteilen.

Chart

Schaubild, das den Kursverlauf z. B. einer Aktie ersichtlich macht. Aus der grafischen Darstellung wollen Anleger Rückschlüsse daraufhin ableiten, wie sich ein bestimmter Kurs fortan entwickeln wird. Kritiker halten Charts allerdings für ebenso wenig zuverlässig wie den Wetterbericht.

Cost-Average-Effekt

Durchschnittskosten-Effekt. Bei einer Anlage in → Investmentfonds mit einem Sparplan unter Einzahlung fester Beträge werden in schlechten Börsenzeiten wegen des niedrigeren Kurses mehr Anteile erworben, in guten Börsenzeiten dagegen weniger. Auf lange Sicht ist der Kaufdurchschnittskurs deshalb niedriger als die Anlage ausschließlich in Hochphasen.

Courtage

Provision, die ein Börsenmakler beim Kauf oder Verkauf von Aktien erhält.

Crash

Plötzlicher starker Kurseinbruch mit anhaltender Abwärtsentwicklung.

DAX®

Der Deutsche Aktienindex (DAX®) gibt als so genannter Performance-Index Auskunft nicht nur über den Kurs-, sondern auch über den Ertragsverlauf der 30 wichtigsten Aktien in Deutschland – und zwar entsprechend ihrer kapitalmäßigen Gewichtung. Die Zahl 1.000 entspricht dem Jahresschlussstand von 1987. In der Praxis nimmt der Index also einen Anleger an, der am 31. Dezember 1987 einen Betrag von 1.000 DM so in alle Aktientitel investiert hat, wie sie im DAX® gewichtsmäßig zusammengesetzt sind. Der DAX® zu einem bestimmten Zeitpunkt gibt den absoluten DM-Wert an, den die Anlage seitdem angenommen hat, wenn alle Erträge wieder angelegt werden.

Depot

Ort, wo eine Bank für ihre Kunden Wertpapiere aufbewahrt und gegebenenfalls in dessen Auftrag verwaltet. Man kann in diesem Zusammenhang von einem Wertpapierkonto sprechen. Die Wertpapiere eines Kunden können gesondert (Streifbanddepot) oder bei einer Wertpapiersammelbank (Girosammeldepot) aufbewahrt werden. Stets sind die Kundendepots jedoch getrennt von den Eigenbeständen der Bank zu halten.

Derivate
Finanzgeschäfte, die aus anderen Geschäften abgeleitet sind. Dazu gehören z. B. alle Formen von Termingeschäften. Bei diesen Geschäften wird der Handel zwar zu festgelegten Konditionen sofort abgeschlossen, Leistung und Gegenleistung erfolgen jedoch zu einem späteren Zeitpunkt.

Disagio
Abgeld bei Wertpapieren. Differenz zwischen Ausgabepreis bei Neuausgabe und Nennbetrag. Gegensatz zu → Agio.

Dividende
Ausschüttung des Unternehmensgewinns an die Aktionäre. Bildet zusammen mit dem Kursgewinn die Rendite, wird jedes Jahr neu festgesetzt (auf Aktionärs-Hauptversammlung), kann bei schlechten Geschäften auch ausfallen.

Dow Jones
Dieser erste und bekannteste → Index wurde 1884 vom amerikanischen Verlagshaus Dow-Jones herausgebracht und ist schlicht als Dow Jones geläufig. Die korrekte Bezeichnung lautet Dow Jones Industrial Average (DJIA). Er umfasst die 30 wichtigsten Titel auf dem amerikanischen Aktienmarkt und berücksichtigt im Gegensatz zum → DAX® ausschließlich den Kurs der einzelnen Aktie.

Effekten
Alle an der → Börse handelbaren Wertpapiere.

Emission
Ausgabe von Wertpapieren.

Emissionskurs
Ausgabekurs, zu dem der → Emittent neu aufgelegte Wertpapiere zum Kauf anbietet.

Emittent
Herausgeber von Wertpapieren.

Frankfurter Börse
Wichtigster deutscher Handelsplatz für Wertpapiere (etwa 80 Prozent Marktanteil in Deutschland) und zugleich der fünftgrößte der

Welt. 1996 Jahr wurden dort Aktien für zweieinhalb Billionen Mark an- und verkauft. Gehandelt wird montags bis freitags (außer feiertags) jeweils von 10.30 bis 13.30 Uhr. Kleinere Börsen gibt es außerdem in Berlin, Bremen, Düsseldorf, Hamburg, Hannover, München und Stuttgart – diese aber spielen, anders als die Frankfurter Börse, international keine Rolle.

Freiverkehr

Markt für Papiere, die den gesetzlichen Anforderungen für den amtlichen → Handel oder für den geregelten → Markt nicht genügen. Das Börsengesetz hat für diese Form des börslichen Handels keine besonderen Vorschriften vorgesehen. Das heißt aber nicht, dass die Geschäfte ungeordnet abgewickelt werden. Vielmehr wird der Handel durch die jeweilige Börsenordnung geregelt und von einem Kontrollausschuss überwacht. Wie beim geregelten Markt wickeln freie Makler die Geschäfte ab.

Fungibilität

Veräußerbarkeit einer Anlage, die entscheidenden Einfluss auf die Liquidität hat. Wertpapiere, die zum Börsenhandel zugelassen sind, haben normalerweise eine höhere Fungibilität als nicht standardisierte Anlagen.

Geldkurs

Gegensatz zu → Briefkurs (siehe dort).

Genussschein

Wertpapier, das Vermögensrechte, z. B. Gewinnanteile, an einer Gesellschaft gewährt.

Geregelter Markt

Die gesetzlichen Zulassungsvoraussetzungen sind hier weniger streng als beim amtlichen → Handel. So ist keine Prospektveröffentlichung erforderlich. Es genügt stattdessen ein aktueller Unternehmensbericht. Der Mitantragsteller muss kein Kreditinstitut sein, es kann sich um ein Unternehmen handeln, das fachlich geeignet und in der Lage ist, die Zuverlässigkeit des → Emittenten nachzuweisen. Den Handel selbst führen keine amtlichen, sondern freie, vom Börsenvorstand bestellte Makler durch.

Gratisaktie

Siehe → Berechtigungsaktie.

Grundkapital
Kapital, das in der Satzung einer → Aktiengesellschaft festgesetzt wird und in dessen Höhe die Aktien ausgegeben werden.

Hauptversammlung
Versammlung aller Aktionäre, die mindestens einmal jährlich abzuhalten ist. Hier werden z. B. Vorstand und Aufsichtsrat entlastet, Beschlüsse über die Verwendung des Gewinns und Änderungen der Satzung gefasst und der Aufsichtsrat gewählt.

Hausse
Spürbare Kurssteigerungen an der → Börse über einen längeren Zeitraum.

Heritage-Stocks
Meist → Standardwerte mit hohen Wachstumsraten, die sich ausgezeichnet für langfristige Anlagen eignen und über die sich eventuell noch die nachfolgende Generation freut – deshalb mitunter auch als Erbschaftswerte bezeichnet.

Index
Kennzahl, mit deren Hilfe Veränderungen wichtiger Daten (z. B. Kurse und Erträge) ausgedrückt werden. Oft wird dazu der Wert eines Kurses zu einem bestimmten Zeitpunkt als Bezugsgröße genommen und z. B. gleich Hundert (wie beim TOPIX, Tokio Stock Price Index) oder Tausend (→ DAX®) gesetzt. Der jeweils neu errechnete Wert wird dann dazu ins Verhältnis gesetzt.

Inhaberaktie
Ohne weiteres übertrag- und handelbare → Aktie ohne Namensangabe des Besitzers. Gegensatz: → Namensaktie, die nur die Ansprüche des namentlich genannten Aktionärs verbrieft.

Insider
So werden im Börsengeschehen Personen genannt, die aufgrund ihrer Stellung einen Informationsvorsprung haben (z. B. leitende Mitarbeiter des Unternehmens). Es ist bei Strafe verboten, diese Informationen zum eigenen Vorteil auszunutzen.

Investmentfonds
Gemeinsames Vermögen vieler Anleger, das von einer Kapitalanlagegesellschaft (KAG) verwaltet wird. Sie investiert das Geld ihrer Anleger in Aktien, Renten oder Immobilien. Daher spricht man von

Aktien-, Renten- oder Immobilienfonds. Der Anleger erhält Anteile (→ Investmentzertifikate) dieser Fonds und ist damit am Ertrag beteiligt. Möglich sind auch gemischte Fonds. Ferner unterscheidet man zwischen offenen und geschlossenen Fonds. Bei offenen Fonds – sie sind in Deutschland die Regel – können die Gesellschaften nach Belieben neue Anteile ausgeben, müssen aber auch die verkauften Anteile wieder zurückkaufen. Beim geschlossenen Fonds ist die Anzahl der Anteile von vornherein begrenzt und es gibt keine Rücknahmeverpflichtung. Die Vorschriften über Organisation, Beschaffenheit des → Portfolios und Steuerbehandlung der Investmentgesellschaften sind im KAGG (Gesetz über Kapitalanlagegesellschaften) geregelt. Die Gesellschaften unterliegen der Kontrolle durch das BAK (Bundesaufsichtsamt für das Kreditwesen).

Investmentzertifikat
Wie eine → Aktie einen Anteil an einer → Aktiengesellschaft verbrieft, dokumentieren Investmentzertifikate einen Anteil am Vermögen eines → Investmentfonds.

Jahresabschluss
Zum Jahresabschluss gehören → Bilanz sowie Gewinn- und Verlustoffenlegung eines Unternehmens. Dies erledigt bei einer Aktiengesellschaft normalerweise der Vorstand unter Kontrolle des Aufsichtsrates und eines staatlich vereidigten Wirtschaftsprüfers.

Kassakurs
Einheitskurs, der nur einmal in jeder Börsensitzung, für gewöhnlich um 12.00 Uhr, bestimmt wird. Alle Geschäfte, bei denen es um Aufträge unter 50 Stück (bei Fünf-Mark-Aktien unter 100 Stück) geht, werden nur zu diesem Kurs abgewickelt. Gegensatz: fortlaufende Notierungen beim variablen Handel. Hier werden für jedes abgewickelte Geschäft die Preise einzeln bestimmt und gegebenenfalls als Kurs notiert.

Kupon
Zur Aktie gehörendes Wertpapier (Dividendenschein), auf dessen Vorlage hin die → Dividende gezahlt wird.

Kurs-Gewinn-Verhältnis (KGV)
Gibt an, ob der Kaufpreis einer Aktie im Verhältnis zu Dividendenzahlungen billig (niedriges KGV, kaufen) oder teuer ist.

Kurswert
Jeweiliger Börsenpreis eines Wertpapiers, der sich aus Angebot und Nachfrage ergibt.

Limit
Preisgrenze beim Auftrag zum Kauf oder Verkauf von Wertpapieren.

M-DAX®
Kurzform für Mid-cap-DAX. Setzt sich zusammen aus den 70 umsatzstärksten Aktienwerten nach den 30 im DAX zusammengefassten. Beide zusammen ergeben den DAX 100. Der so erweiterte Index gibt damit ein umfassenderes Bild als die kleine Auswahl der → DAX-Standardwerte. Denn hier werden praktisch auch schon die großen → Nebenwerte berücksichtigt.

Nach- und Vorbörse
Wertpapierhandel vor bzw. nach der Eröffnung des offiziellen Börsenhandels. Wird vorwiegend über die Computerbörse durchgeführt.

Namensaktie
Eine auf den Namen des Inhabers ausgestellte → Aktie. Die Eigentümer werden in das Aktienbuch der betreffenden Gesellschaft eingetragen und bei Verkauf der Aktie wieder gelöscht. Nur die namentlich genannten Aktionäre können ihre Rechte geltend machen. Auf diese Weise bleibt kontrollierbar, wer sich an der Gesellschaft beteiligt – woraus zum Teil erkennbar wird, ob ungewollte Mehrheiten entstehen. Der Handel mit Namensaktien ist umständlicher als mit → Inhaberaktien.

Nebenwerte
Für gewöhnlich verbergen sich hinter diesen Aktien kleinere Unternehmen oder solche, die neu an die Börse gegangen sind. Hier können bereits einzelne umfangreichere Aufträge den Kurs maßgeblich beeinflussen. Deshalb winken hohe Renditen, das Risiko ist aber auch größer.

Nennwert
Derjenige Betrag, der auf einer Aktie aufgedruckt ist. Definiert den Anteil, mit welchem der Aktionär am Vermögen der Gesellschaft beteiligt ist. Nach dem bisherigen deutschen Aktiengesetz musste der Nennwert mindestens fünf DM betragen. Die Reform des Aktienrechts sieht nunmehr auch Aktien ohne Nennwert (Stückaktien) vor.

Neuemission

Siehe → Emission. Ein Unternehmen, das bis dahin noch nicht an der → Börse notiert wurde, gibt erstmals Aktien aus. Normalerweise wird die Neuemission im Zusammenwirken des Unternehmens mit einem Bankenkonsortium bewerkstelligt. Der Anleger erhält dann während der so genannten Zeichnungsfrist Gelegenheit, die Aktie zu erwerben.

Nikkei

→ Index der Börse Tokio.

Notierung

Feststellung und Veröffentlichung der ermittelten amtlichen Kurse.

Option

Berechtigt zu Kauf (Call) oder Verkauf (Put) z. B. von Aktien zu festgelegtem Kurs und Zeitpunkt, gedacht auch zur Absicherung von Aktiengeschäften. Wird oft als reines Spekulationspapier erworben, um auf steigende oder fallende Kurse zu wetten. Verändert seinen Wert bei Kursbewegungen stärker als der Kursausschlag selbst ist. Als Spekulationspapier gut für 100 Prozent Gewinn oder Totalverlust.

Optionsanleihe

Schuldverschreibung eines → Emittenten mit einem befristeten → Bezugsrecht auf Aktien, wobei das Schuldverhältnis auch nach der Ausübung des → Bezugsrechts weiter besteht.

Order

Kundenauftrag zum Kauf oder Verkauf von Wertpapieren an der → Börse, wird vom Kunden der Bank erteilt und von Maklern abgewickelt. Kann mit Kursangabe (Kauf bis … oder ab …) erteilt werden oder pauschal als »bestens« (für Verkauf) bzw. »billigst« für Kauf.

Performance

Trifft Aussagen über die Rendite-Risiko-Relation einer Anlage. Kann in Kennzahlen oder Schaubildern ausgedrückt werden und erleichtert unter Umständen die Wahl eines Anlegers, der sich beispielsweise zwischen zwei Fonds mit gleicher → Rendite für den mit dem niedrigeren Risiko entscheiden kann.

Portfolio

Auch Portefeuille. Die gesamten Anlagen eines Investors. Kann sich aus verschiedenen Anlageobjekten (Assets) zusammensetzen. Das ist sogar empfehlenswert, um durch Streuung das Risiko zu minimieren.

Rendite
Jährlicher Ertrag eines Wertpapiers, angegeben in Prozent des Kaufpreises, unter Einbeziehung aller relevanten Faktoren (→ Dividende, Laufzeit, Kurs usw.).

Shareholder-value
Amerikanischer Begriff für die Wert- bzw. Profitsteigerung zu Gunsten der Inhaber/Aktionäre (englisch: Shareholder). Erfunden wurde der Begriff von dem amerikanischen Wirtschaftsprofessor Alfred Rappaport, der in seinem 1986 erschienenen Buch mit dem gleichnamigen Titel die Selbstversorgungsmentalität der Manager anprangerte und sie aufrief, in erster Linie an den Profit der Anteilseigner zu denken.

Spekulationsfrist
Zeitraum, innerhalb der der Ertrag aus Wertpapierkauf und -verkauf versteuert werden muss. Nach dieser Frist (in Deutschland gegenwärtig sechs Monate) bleibt der Gewinn steuerfrei.

Spezialwerte
Aktien aus bestimmten Branchen, z. B. Transport und Maschinenbau. Grundsätzlich sind Spezialwerte qualitätsmäßig ähnlich zu beurteilen wie → Standardwerte.

Splitting
Ein Splitting (Stock split) stellt für amerikanische Unternehmen ein wichtiges Instrument zur Steuerung des Aktienkurses dar, um z. B. die Aktie bei Kurshöhenflügen auch für Normalanleger attraktiv zu halten. Das deutsche Aktienrecht kennt das Splitting dagegen nicht. Eine Corporation gibt für die alten Aktien in einem festgelegten Verhältnis neue in vermehrter Anzahl aus. Da das Stammkapital dabei nicht verändert wird, sinkt der Nennwert der neuen Aktien entsprechend. Ein Splitting von zwei zu eins würde also bedeuten, dass statt 10.000 alter Aktien zu einem Nennwert von 100 Dollar (entspräche einem Grundkapital von 1.000.000 Dollar) 20.000 neue Aktien zu einem Nennwert von 50 Dollar auf dem Markt sind. Kurs und Ertragskraft jeder neuer Aktie sinken in solchen Fällen regelmäßig.

Stammaktie
Mit → Stimmrecht verbundene Aktie.

Standard & Poors 500
US-Aktienindex, der mehr Werte als der → Dow Jones berücksichtigt und deshalb wegen des umfassenderen Überblicks zum Kursgeschehen von zahlreichen Anlegern bevorzugt wird.

Standardwerte
Aktien, die hohen Umsatz und breite Streuung aufweisen und z. B. in Deutschland vom DAX® erfasst werden; siehe auch → Blue Chips. Es handelt sich um relativ sichere Anlagen, wobei fast nur noch das allgemeine Marktrisiko zu tragen ist. Gemeint sind z. B. Aktien von Allianz, BASF, Deutsche Bank, Mercedes, Siemens, seit November 1996 auch Telekom.

Stimmrecht
Mit ihm nimmt der Inhaber von → Stammaktien auf der → Hauptversammlung Einfluss auf die zu fassenden Beschlüsse. Die Anzahl der Stimmen hängt von der Zahl der in der Hand des Aktionärs befindlichen Aktien ab. Das Stimmrecht ist übertragbar.

Stock
Im angelsächsischen Sprachraum die Bezeichnung für Aktie. Inhaber von Aktien heißen dementsprechend »Stock- oder Shareholders«. Eine Aktiengesellschaft ist jedoch keine Stock-Company, sondern eine Corporation. Die wichtigste Börse in den Vereinigten Staaten ist die NYSE (New York Stock Exchange).

Tafelgeschäft
Wertpapiere (effektive Stücke) werden direkt am Bankschalter erworben und vom Anleger selbst verwahrt. Er spart auf diese Weise zwar Depotgebühren, ist aber voll für die Wertpapiere eigenverantwortlich. Gegen Abschneidekupons gibt es Erträge bar auf die Hand am Bankschalter ausgezahlt – das Finanzamt erfährt hiervon nichts. Allerdings werden bei Tafelgeschäften gegebenenfalls auch wieder höhere Kapitalertragsteuern fällig.

Talon
Erneuerungsschein. Wird bei der Ausgabe einer Aktie zusammen mit den Dividendenscheinen (→ Kupons) des Bogens ausgehändigt. Berechtigt zum Bezug neuer Kupons.

Taxe
Kursschätzung, wenn wegen fehlender Marktbewegung kein Kurs ermittelt werden konnte.

T-Bill
Abkürzung für Treasury-Bills. Es handelt sich dabei um kurzfristige Wechsel, mit denen sich die US-Regierung verschuldet. Die Scheine werden abgezinst (diskontiert) verkauft und zum Ende der Laufzeit zum → Nennwert zurückgekauft.

Telefonhandel
Form des Wertpapierhandels, der außerhalb der → Börse stattfindet und zum ungeregelten → Freiverkehr gehört. Infolgedessen gelten für diese Geschäfte auch keine gesetzlichen Vorschriften oder Börsenzeiten. Wie der Name schon andeutet, wird der Handel überwiegend telefonisch abgewickelt. Für den Verkehr kommen grundsätzlich alle Wertpapiere in Betracht. Es gibt jedoch zahlreiche Kurse, die ausschließlich über den Telefonhandel gebildet werden. Diese Wertpapiere heißen demzufolge Telefonpapiere oder Telefonwerte.

Tranche
Teilpaket einer Wertpapieremission. Bedeutet, dass nicht alle Aktien eines Unternehmens gleichzeitig zum Kauf angeboten werden, sondern in zwei oder mehreren Zeitabschnitten.

Ultimo
Letzter offizieller Börsentag im Monat oder Jahr.

Vinkulierte Namensaktie
Sonderform der → Namensaktie. Ein Eigentümerwechsel bedarf hier der Zustimmung der → Aktiengesellschaft, ehe der Erwerber ins Aktienbuch eingetragen werden kann.

Volatilität
Maß für die Schwankungsstärke eines Wertpapierkurses innerhalb eines bestimmten Zeitraums.

Vorzugsaktie
Aktien ohne → Stimmrecht, jedoch mit anderweitigen Vorteilen wie z. B. Mindestdividende oder Nachzahlung bei ausgefallenen → Dividenden etc.

Wandelanleihe

Schuldverschreibung eines → Emittenten mit einem befristeten → Bezugsrecht auf Aktien, wobei das Schuldverhältnis nach der Ausübung des Bezugsrechts erlischt. Wenn das Bezugsrecht nicht umgewandelt wird, besteht seitens des Erwerbers ein Anspruch auf Verzinsung und Rückzahlung zum Ende der Laufzeit.

Wandelobligation

→ Anleihe, die innerhalb festgelegter Frist zu festen Bedingungen gegen eine Aktie des Unternehmens getauscht werden kann.

Wiederanlage

Erträge z. B. aus → Investmentfonds werden nicht ausgeschüttet, sondern verbleiben im Fonds (Thesaurierung). Hier werden sie erneut in Vermögenswerte angelegt.

Xetra

Abkürzung für »Exchange Electronic Trading« – so nennt sich fortan die deutsche Computerbörse in Frankfurt, die seit November 1997 den IBIS abgelöst hat. Mit diesem System werden Wertpapiergeschäfte (vorerst nur die der wichtigsten Aktien, bis 1999 alle) unabhängig vom Parketthandel und den normalen Börsenzeiten abgewickelt. Kann nur von Banken, Investmentgesellschaften oder Maklern benutzt werden.

Zeichnung

Kauf eines Wertpapiers im Rahmen einer → Neuemission.

Zerobond

→ Anleihe, bei der der → Emittent keine laufende Verzinsung ausschüttet, sondern dem Wert des Papieres hinzurechnet (dies kann steuerlich von Vorteil sein, weil der Wertgewinn anders als Zinsen oft steuerfrei bleibt). Deshalb heißen diese Wertpapiere auch Null-Kupon-Anleihen oder Null-Prozenter. Der echte Zerobond ist eine Abzinsungsanleihe, d. h., dass vom Nominalbetrag ein Abschlag vorgenommen wird, und das Wertpapier wird dann »diskontiert« verkauft. Am Ende der Laufzeit wird die Anleihe zum → Nennwert zurückgegeben.

Zusatzaktie

Siehe → Berechtigungsaktie.

DIE BÖRSENSEITE DER TAGESZEITUNG

Für die erste Zeit Ihres Spekulantendaseins empfehlen wir Ihnen ein paar einführende Gespräche mit dem Wertpapierberater Ihres Geldinstituts – nicht etwa deswegen, weil dieser womöglich die besten Informationen hat, sondern weil Sie da sofort Antwort auf Fragen bekommen, die sich später garantiert noch ergeben. Und Sie können sich dort auch zusätzliche Informationen holen.

Neben dem Gewinn werden beim Cashflow auch die Erhöhungen der Rücklagen und die Abschreibungen berücksichtigt.

Typisches Beispiel: Das KGV (Kurs-Gewinn-Verhältnis) sagt nicht alles darüber aus, ob eine Aktie billig oder teuer ist. Dafür ist zusätzlich das KCF (Kurs-Cashflow-Verhältnis) wichtig. Denn da drückt sich das Verhältnis von Aktienkurs zu Cashflow des jeweiligen Unternehmens aus. Und eine Aktie mit sehr hohem KGV kann auch dann noch günstig sein, wenn sie ein sehr niedriges KCF hat. Und das wäre etwas, worauf Sie den Wertpapierberater ansprechen können. Denn das KGF wird nur in wenigen Kursübersichten veröffentlicht, beide Werte kann Ihnen aber der Berater auf Knopfdruck am Computer sagen.

Experten-Tip

Nutzen Sie die zum Service gehörende Beratungsmöglichkeit der meisten Banken – bei Börsengeschäften werden Sie von diesen ohnehin kräftig zur Kasse gebeten. Sie müssen eventuelle Tips ja nicht befolgen – aber schaden kann es nie, auch noch mal andere Meinungen zu den eigenen Plänen zu hören.

Andere Meinungen – das bedeutet zugleich aber auch, dass Sie sich selbst eine bilden müssen. Und dafür benötigen Sie unter anderem folgende Basisinformationen:
- Die aktuellen Börsenkurse
- Entwicklungen der jeweiligen Unternehmen
- Wirtschaftliche Entwicklungstrends
- Prognosen zur Geldmarktentwicklung (Zinsen)

Um an diese Informationen zu kommen, wird auch für Einsteiger der Börsen- oder Wirtschaftsteil einer Tageszeitung zur Pflichtlektüre. Je nachdem, wie intensiv Sie sich mit dem Wirtschafts- und Bör-

Aktienkurse (Auszug)

	Divid.	29.12.	26.12.	seit 2. 1. 97 hoch	tief
AGIV *	0	34,8bG	34,9	44,5	22,65
Albingia	12	1200T	1200T	1320	1100BT
Albingia Vz.	13	680G	673	750	500BT
Allianz*	1,7	455	454	491,5	269,3
Allianz Lbv.	12,50	1735	1700	1737	1021
AMB Inh.	1,6	195,5	195,7	198,5	92T
ASS	0	10B	10B	26T	10B
AUDI	9	1370T	1380T	2010	941G
BASF *	1,7	63,35	61	73,65	55,9
Bayer *	1,7	64,55	62,85	79,15	58
Bayer.Hyp. *	1,45	87	88,4	88,4	45,72
Bayer.Ver.*	1,60	116,5	118,6	118,6	60,15
Beiersdorf *	1,00	76	74,7	99,5	72,2
Bekula *	1,00	53,8	52,1	53,8	37,9
BHF-Bk.*	1,45	52,5	52,75	60,4	35,8
Bilf & Berger *	1,20	57	58	80	48,5
BMW	15,00	1253	1235	1536	1025
BMW Vz.	16	875G	880	1060	725
Brau Brunnen	0	177bB	174,7	177bB	105
Breitenb.Portl.	28	2500BT	2500B	2800bB	900
Br. Strb.	0,5	270T	270T	286GT	179G
Br. Vulkan i.K.	0	1,55	1,6G	9,4	1,3bG
Br. Wollk.	0	157	155G	175,5rG	98rG
Buderus	17	820bB	820	985G	725G
Commerzb. *	1,35	72,5	73,7	74	38,65
Contigas	11	590	590B	665BT	497
Continental *	0,6	40,65	39,99	50,55	28
Daimler *	1,10	123,6	119,9	158,3	104,25
Degussa*	1,3	89	87,2	104,5	66,97
Dt.Bk.Lüb.	18+74,3	1525G	1525G	1600rG	1350
DePfa *	1,4	107,5	107,5	115,5	68,4
Dt.Babc. St.		105bG	104,8	140	41B
Deutsche Bk.*	1,80	124,2	122,9	129,7	71,4
Dt.Hyp.B	17+30	990	980GT	1100B	890G
Dt. Telekom *	0,6	32,7	31,5	44,35	29,6
Deutz*	0	13,05	13,1bG	18	7,15
DLW	0	204T	201T	219	94,5T
DOAG	5	160bG	159bG	192	129
Douglas H. *	1,4	55	54,8	77	53,1
Dresdner *	1,55	81,5	82	85,2	45,3
Felten & Guill.	0	144,8	148,25	219,5	119
Fielmann Vz.*	1,80	41,75	41,5	56,8	38
FPB Holding	17,5	316G	311	326	298
Geest.Verw.	3,5	210T	210T	212,1G	175T
Hamborner	13	385G	380G	466	350G
HamburgHYP	17+30	1100GT	1100bB	1249	1020
Harpen	8,5+1	288	278G	345B	265G
HBAG *	0,40	23,2G	23,2G	31,25bB	22,3
Henkel*	1,30	110,8	109,8	115	76,5
HEW	10	464,5	464	501	440
HHA**	4	104	102G	110G	99G
Hochtief *	1,20	74bB	71,9	92	61,1G
Hoechst*	1,4	60,95	59,65	86,8	59,15
Holsten	8,5	357	350	430	325,2bG
Holzmann	0	470bB	465	615	369
Horten	9	235T	235T	243G	214T
...					

© Hamburger Abendblatt

Die Top 100 des deutschen Aktienmarkts (Auszug): DAX®-100-Werte im Überblick

30.12.97	WPKN	Letzte Div.	Div.-Sch. für 1997	Börsenkap. in Mill. DM	Eröffnung	Tages H/T		Kassa	Frankfurter Kurse Schluß	Veränd.
Dax-30										
Allianz NA vink.(5)	840400	1,70	k. A.	108933,28	464,00 b	68,00	62,00	464,00 b	466,00 b	+ 11,00
BASF (5)	515100	1,70	1,90	39153,59	64,65 b	64,90	63,52	64,20 b	63,75 b	- 0,65
Bayer (5)	575200	1,70	1,80	46947,10	66,95 b	67,20	66,51	66,75 b	67,20 b	+ 2,40
Bayernhyp (5)	802000	1,45	1,45	22785,30	88,60 b	88,95	86,50	87,25 b	87,80 b	+ 0,80
Bay.Vereinsbank (5)	802200	1,60	1,90	35427,65	118,00 b	18,50	16,00	116,00 b	117,70 b	+ 1,00
BMW StA	519000	15,00	16,00	24301,48	1335,00 b	52,00	32,00	1345,00 b	1345,00 b	+ 62,00
Commerzbank (5)	803200	1,35	1,50	31615,83	72,30 b	72,70	70,00	70,00 b	70,80 b	- 1,50
Daimler (5)	550000	1,10	1,30	64000,08	126,00 b	27,30	25,30	127,00 b	126,20 b	+ 2,00
Degussa (5)	551200	1,60	1,60	8196,01	91,00 b	91,50	88,50	89,00 b	90,00 b	+ 0,40
Deutsche Bank (5)	804010	1,80	k. A.	62925,16	125,50 b	27,40	24,65	125,80 b	127,00 b	+ 2,00
Dt. Telekom (5)	555700	0,60	1,20	89718,99	34,10 b	34,30	33,30	33,30 b	33,85 b	+ 1,15
Dresdner Bank (5)	804610	1,55	1,75	40412,83	83,90 b	84,20	81,80	81,80 b	83,00 b	+ 1,90
Henkel VA (5)	604843	1,30	1,45	15154,92	113,00 b	13,50	12,00	112,50 bB	113,50 b	+ 2,80
Hoechst (5)	575800	1,40	1,50	35838,60	63,50 b	63,80	62,30	62,30 b	63,00 b	+ 1,90
Karstadt	627500	10,00	10,00	5166,00	622,00 b	24,00	14,10	622,00 b	614,10 b	- 3,90
Linde	648300	17,50	18,50	9063,60	1085,00 b	00,00	82,00	1091,00 b	1098,00 b	+ 30,50
Lufthansa NA vink.(5)	823212	0,50	0,60	12211,20	33,90 b	34,50	33,50	33,80 b	34,50 bB	+ 2,10
MAN StA	593700	14,00	14,00	7295,19	516,00 b	22,00	16,00	519,50 b	521,00 b	+ 16,00
Mannesmann	656000	9,00	10,00	32934,96	901,00 b	09,00	99,00	903,00 b	909,00 b	+ 12,00
Metro StA (5)	725750	4,00	2,00	15153,85	64,50 b	64,70	63,10	63,80 b	64,50 b	+ 0,60
Münchner R. NA(10)	843002	1,70	k. A.	55897,79	684,00 b	93,00	56,00	684,00 b	678,00 b	+ 8,00
Preussag	695200	12,00	12,00	8362,36	545,00 b	53,00	40,00	553,00 b	549,00 b	+ 0,50
RWE StA (5)	703700	1,60	1,70	49429,98	100,00 b	00,00	93,00	96,50 b	96,50 b	+ 0,20
SAP VA (5)	716463	2,35	2,50	58477,85	590,00 b	90,00	84,20	584,20 b	588,50 b	+ 2,50
Schering (5)	717200	2,50	2,50	12062,01	176,50 b	77,40	71,50	173,50 b	173,50 b	- 2,40
Siemens (5)	723600	1,50	1,50	61493,98	109,95 b	09,95	06,50	108,50 b	106,50 b	- 1,10
Thyssen	748500	8,00	12,00	13205,50	385,00 b	85,50	83,00	384,00 b	385,00 b	± 0
Veba (5)	761440	1,90	2,00	59700,42	125,00 b	25,00	20,20	122,50 b	122,50 b	+ 0,80
Viag	762620	12,00	13,00	26204,85	1001,00 b	09,00	50,00	985,00 b	969,00 b	- 22,70
VW StA	766400	9,00	11,00	35005,55	1020,00 b	20,00	01,00	1005,00 b	1012,00 b	+ 8,00
MDax										
Adidas (5)	500340	1,10	1,50	10498,52	231,50 b	38,00	31,00	238,00 b	236,60 b	+ 7,10
Agiv (5)	502820		1,00	1392,00	34,50 b	34,90	34,00	34,90 b	34,00 G	- 0,60
Altana (5)	760080	1,50	1,65	4609,80	122,50 b	24,70	18,70	118,70 b	123,50 b	+ 1,00
AMB vink. NA (5)	840000	1,60	k. A.	9789,09	197,00 b	00,00	96,50	198,00 bG	196,50 bG	+ 0,50
AVA	508850		0,00	1423,21	464,80 b	64,80	63,50	463,50 b	463,50 bB	+ 1,00
Axa Colonia StA (5)	841000	1,70	k. A.	5376,73	178,00 b	82,00	72,00	172,00 b	172,00 b	- 5,40
Bankges.Berlin (5)	802322	1,10	1,10	8614,07	39,90 b	40,00	39,60	39,50 b	39,60 b	± 0
Beiersdorf (5)	520000	1,00	1,00	6384,00	76,50 b	79,00	76,50	76,50 b	78,00 b	+ 2,20
Bekula (Bewag)(5)	530300	1,00	1,10	6025,60	54,30 b	54,40	53,80	53,30 b	54,40 b	+ 0,40
BHF-Bank (5)	802500	1,45	1,45	4535,57	52,90 b	52,90	48,00	48,00 b	51,00 b	- 1,50
BHW Hold. (5)	522390		k. A.	5310,00	29,50 b	29,50	29,50	29,50 b	29,50 b	+ 0,40
Bilfinger & Berger (5)	590900	1,20	0,80	2054,79	57,00 b	57,00	55,80	56,80 b	55,80 b	- 0,70
Brau und Brunnen	555030		0,00	794,57	177,00 b	81,50	77,00	180,00 bG	180,00 bG	+ 4,00
Buderus	527800	17,00	18,00	2080,75	810,00 b	15,00	06,00	807,00 b	806,00 G	- 9,00

© Handelsblatt

e H/T	Xetra (S)	52 Wochen		Ergebnis je Aktie			KGV		Div.-	Börsenums.(F)	
		Hoch	Tief	1996	1997s	1998s	1997	1998	Rend.	In Stück	Tsd. DM
	464,00	491,50	269,30	k. A.	k. A.	k. A.	k. A.	k. A.	k. A.	1625751	755460
	63,30	73,65	55,90	4,43	4,75	4,77	13,5	13,5	3,8	7109928	456444
	66,60	79,15	58,00	3,81	4,13	4,29	16,2	15,5	3,6	7061487	472764
	89,00	88,40	45,72	2,60	2,94	2,99	29,6	29,1	2,4	2138246	187729
	117,70	118,60	59,38	2,79	3,19	4,29	36,3	27,0	2,0	2082752	244853
	1340,00	1536,00	1025,00	48,61	54,49	61,00	24,7	22,0	1,6	253835	341117
	70,70	74,00	38,14	2,94	4,00	4,59	17,5	15,2	2,8	7984740	568782
	126,00	158,30	104,25	3,98	5,70	7,60	22,3	16,7	1,1	5047592	638034
	89,00	104,50	66,97	3,91	4,40	5,15	20,2	17,3	1,5	549621	49512
	126,00	129,70	71,40	k. A.	k. A.	k. A.	k. A.	k. A.	k. A.	8030752	1011774
	33,28	44,35	29,60	1,12	1,62	2,22	20,5	15,0	2,6	7478989	252735
	83,40	84,32	44,83	2,91	3,79	4,15	21,6	19,7	2,7	4947826	411464
	111,20	115,00	76,00	3,73	4,71	5,41	23,9	20,8	1,7	881439	99611
	63,00	86,80	59,15	2,74	3,11	3,86	20,0	16,1	3,2	6135762	387083
	614,00	710,00	482,00	-20,92	11,56	29,76	k. A.	20,9	2,3	90981	56211
	1082,00	1420,00	932,00	44,10	50,00	54,76	21,8	19,9	2,3	71359	78029
	34,35	37,97	20,67	1,28	1,75	2,15	19,3	15,7	1,7	5249580	179049
	511,00	579,00	371,50	23,80s	29,96	33,07	17,3	15,7	3,5	159311	82591
	915,00	913,00	616,00	22,46	27,14	34,50	33,3	26,2	1,2	435316	394244
	64,00	99,40	50,08	3,01	3,39	4,14	18,8	15,4	6,3	2159124	138773
	678,00	684,00	361,20	k. A.	k. A.	k. A.	k. A.	k. A.	k. A.	737367	501413
	533,10	575,50	344,50	17,07	22,32	25,93	24,8	21,3	2,6	246835	135496
	94,50	97,80	63,15	3,20	3,50	4,00	27,6	24,1	2,5	4075079	396565
	572,00	597,00	210,00	5,52	8,22	11,41	k. A.	k. A.	0,6	747153	438744
	172,60	210,50	126,30	5,93	7,57	8,38	22,9	20,7	1,6	931213	162337
	106,50	129,95	71,42	4,48	4,65	5,45	23,3	19,9	2,0	7133186	770790
	384,00	448,50	269,80	16,00	24,02	29,04	16,0	13,2	3,0	535815	206074
	122,40	122,50	87,80	5,04	5,60	6,10	21,9	20,1	2,2	4282817	528451
	960,00	989,00	598,00	37,10	41,51	45,00	23,7	21,9	1,7	217527	212724
	1008,00	1484,00	632,25	55,01	64,97	77,88	15,5	0,0	1,3	437793	444057
	232,00	274,00	130,40	6,93	10,21	10,00	23,3	23,8	0,5	647468	152521
	34,10	44,50	22,50	0,20	1,93	2,85	18,1	12,2	0,0	158672	5459
	122,50	192,30	115,50	4,25	5,04	5,97	23,6	19,9	1,8	149770	18253
	196,80	199,60	106,00	k. A.	k. A.	k. A.	k. A.	k. A.	k. A.	135347	26780
	465,00	568,00	416,00	7,50	9,30	15,23	49,8	30,4	0,0	11355	5266
	181,00	200,00	126,00	k. A.	k. A.	k. A.	k. A.	k. A.	k. A.	271137	47338
	39,70	50,75	27,95	-3,07	3,20	3,49	12,3	11,3	3,8	178441	7083
	76,00	99,50	72,20	2,63	1,47	3,16	k. A.	24,2	1,9	180472	14007
	52,50	53,80	37,90	2,29	2,70	3,05	19,7	17,5	2,7	272560	14671
	52,00	60,40	35,60	1,74	2,20	2,35	21,8	20,1	3,0	2245651	112053
	29,50	34,00	28,70	k. A.	k. A.	k. A.	k. A.	k. A.	k. A.	134374	3963
	56,00	80,00	48,50	3,41	1,80	3,00	31,6	18,9	3,0	615072	34679
	174,50	180,00	104,00	-46,72	-24,89	-16,42	k. A.	k. A.	0,0	127971	22844
	820,00	985,00	725,00	46,86	49,00	54,00	16,5	14,9	3,0	7237	5840

Was sich hinter dem Abkürzungs-Latein im Kursteil einer Tageszeitung verbirgt

G	Geld: Zum angegebenen Kurs lagen nur Nachfragen, dagegen keine Angebote vor
B	Brief: Den Angeboten stand zu diesem Kurs keine Nachfrage gegenüber
bG, bzG, bezG	bezahlt Geld: Die Nachfrage konnte zum angegebenen Kurs nicht vollständig befriedigt werden
bB, bzB, bezB	bezahlt Brief: Es bestand zum angegebenen Kurs ein Überhang an Angeboten, so dass die Kaufaufträge vollständig erfüllt werden konnten, die Verkaufsaufträge jedoch überwogen
Div, Div-Sch	Dividende (wenn bereits gezahlt) oder Dividendenschätzung
ebB, etw. bzB, etw. bB, etwas bB, etw. bezB	etwas bezahlt Brief: Das Angebot überstieg bei weitem die Nachfrage, so dass nur wenige Verkaufsaufträge erfüllt werden konnten
ebG, etw. bzG, etw. bG, etwas bG, etw. bezG	etwas bezahlt Geld: Kaufaufträge konnten nur zu einem geringen Teil abgewickelt werden
ex D, ex Div.	ohne Dividende: unmittelbar nach Zahlung der Dividende angegebener Kurs. Dieser ist normalerweise niedriger
ex B, ex BR	ohne Bezugsrecht: erste Notierung der alten Aktien ohne Berücksichtigung des Bezugsrechts der neuen Wertpapiere. Der Kurs fällt also niedriger aus
ex BA	ohne Berichtigungsaktien: nach der Aktienkapitalberichtigung einer Gesellschaft die erste Notierung
ex SP	nach Splitting: die erste Notierung nach Einstellung des Kurses auf den neuen geteilten Aktienbestand. Kann unter Umständen für Anleger in amerikanische Aktien wichtig werden
H/T	Höchst-/Tiefststand: wird mit Hinweis auf Zeitraum angegeben, für den die Höchst- bzw. Tiefststände angegeben sind – üblich ist der Zeitraum von 52 Wochen oder seit Jahresbeginn oder aber für den jeweiligen Börsentag. Dann ist Vorsicht angebracht: Oft wird bei Tagesangaben nicht der gesamte Kurs abgedruckt, sondern aus Platzgründen nur die jeweils letzten Stellen
k. A.	keine Angabe: findet sich vor allem bei den Schätzungen für die jeweiligen Dividenden oder Ergebnisse, wenn das Unternehmen hierzu keine Daten zur Verfügung stellt

KGV	Kurs-Gewinn-Verhältnis: siehe dazu Seite 48 und Seite 64ff.
(5), (100)	Nennwert der Aktie: Normalerweise lauten die Aktien auf einen Nennwert von 50 DM, Abweichungen hiervon werden z.T. in Klammern genannt
(E), (S)	Eröffnung, Schluss: lässt erkennen, wie sich der Kurs im Verlauf des Börsentages veränderte, z. B. ob er zum Ende anzog oder abbröckelte – wichtig, wenn am jeweiligen Tag während der Börsenzeit kursrelevante Mitteilungen gemacht wurden
NA	Namensaktie: siehe Erläuterungen auf Seite 42
*, **	Siehe jeweilige Legende zum Kursteil, oft wird mit Sternchen auf einen vom Standard (50 DM) abweichenden Nennwert hingewiesen, z. B. mit einem * auf 5 DM, mit ** auf 100 DM
–	gestrichen: Wegen des Fehlens von Angebot und Nachfrage war es nicht möglich, einen Kurs festzustellen
–G	gestrichen Geld: Es gab zwar Kaufaufträge zum niedrigstmöglichen Preis (Billigst-Kaufsorders), aber kein Angebot. Ein Kurs konnte nicht festgestellt werden
–B	gestrichen Brief: Es bestand Angebot zum höchstmöglichen Preis (Bestens-Verkaufsorders), jedoch keine Nachfrage. Ein Kurs konnte nicht festgestellt werden
–GT	gestrichen Geld/Taxe: Da der Preis nachfrageseitig nur geschätzt werden konnte, war keine Feststellung des Kurses möglich
–BT	gestrichen Brief/Taxe: Da der Preis angebotsseitig geschätzt worden ist, konnte kein Kurs ermittelt werden
r, rep., rat.	repartiert bzw. rationiert: Kauf- oder Verkaufsaufträge werden nicht vollständig bedient, sondern nur anteilig unter Zugrundelegung eines Ausgleichskurses
s, S	Schätzung, manchmal auch Schlusskurs
StA	Stammaktien: siehe dazu Seite 45
T	Taxkurs: Der Kurs konnte nicht bestimmt, sondern nur geschätzt werden, weil die Aktie nicht gehandelt wurde
VA, Vorz, Vz	Vorzugsaktie: siehe dazu Seite 47
vin NA	vinkulierte Namensaktie: siehe dazu Seite 47
WPKN	Wertpapier-Kennnummer: erleichtert das schnellere Auffinden der jeweiligen Kurse bei computergestützten Anzeigen

sengeschehen vertraut machen wollen, sind eventuell auch speziellere Publikationen empfehlenswert: Guten Gewissens kann z. B. jedem Einsteiger das *Handelsblatt* empfohlen werden, schon wegen seiner sehr umfangreichen Kursübersicht. Im Normalfall finden Sie auf den jeweiligen Wirtschafts- oder Börsenseiten auch eine Legende, in der die jeweils verwendeten Abkürzungen entschlüsselt werden – erläutert werden die Abkürzungen allerdings normalerweise nicht.

Wie Kurstrends bezeichnet werden

Auch unsere Übersicht auf Seite 52f. mit den Standardabkürzungen macht aber einen Blick in die Legende des jeweiligen Kursteils nicht überflüssig. Denn viele Wirtschaftsredaktionen verwenden zusätzlich noch eigene Begriffe bzw. geben zu einzelnen Werten ergänzende Hinweise, die auch wieder in Abkürzungen verpackt werden. Wenn Sie wissen wollen, was sich dahinter verbirgt, schlagen Sie einfach im Abschnitt über das Börsianer-Kauderwelsch nach.

»Fest« bedeutet nicht, dass sich die Kurse kaum verändert haben, sondern einen deutlichen Kursanstieg.

Auch mit diesen Informationen wird es aber mit Sicherheit ein paar Tage dauern, bis Sie bei täglicher Lektüre den Wirtschaftsteil der von Ihnen gewählten Zeitung wirklich hundertprozentig verstehen. Und erst allmählich werden Sie auch bei einer ganz besonderen Eigenart der Börsianer durchblicken: nämlich bei der Marotte, nicht einfach nur in der Kurzanalyse des jeweiligen Börsentages auf steigende oder fallende Kurse hinzuweisen, sondern auch die Kursbewegungen in eine Geheimsprache, die man erst einmal erlernen muss, zu packen.

Neben diesen Angaben und den Tabellen mit den zahlreichen Abkürzungen finden Sie in vielen Wirtschaftsteilen Meldungen über Unternehmensentwicklungen. Oft gibt es dort auch Prognosen zu den Chancen einzelner Aktien. Nun wäre es ganz leicht, auf solche Prognosen zu setzen und seine Kauf- oder Verkaufsabsichten danach zu richten. Davon möchten wir Ihnen aber dringend abraten. Warum – das haben wir im folgenden Kapitel zusammengestellt. Hier nur bereits so viel: Irgendjemand könnte höchst eigennützige Tips geben – weil er selbst gut daran verdient. Nicht wenige unerfahrene Anleger sind mit solchen Tips bereits auf die Nase gefallen …

Der »Geheimcode« oder: Wie das tägliche Börsengeschehen umschrieben wird

Die folgende Aufstellung nennt die börsenüblichen Bezeichnungen in der Reihenfolge von »absolut hervorragend« bis »katastrophal schlecht«:

Fachbegriff	Kurstrend
Hausse	↑↑↑↑↑↑↑↑
sehr fest	↑↑↑↑↑↑↑
fest	↑↑↑↑↑↑
freundlich	↑↑↑↑↑
gut behauptet	↑↑↑↑
behauptet	↑↑↑
widerstandsfähig	↑↑
knapp behauptet	↑
uneinheitlich	←→
ruhig	←→
abwartend	←→
lustlos	←→
nachgebend	↓
gedrückt	↓↓
schwächer	↓↓↓
schwach	↓↓↓↓
Einbußen	↓↓↓↓↓
starke Verluste	↓↓↓↓↓↓
Baisse	↓↓↓↓↓↓↓
Crash	↓↓↓↓↓↓↓↓

ZEIT IST GELD – SO KOMMEN SIE SCHNELLER AN FINANZNACHRICHTEN

Wer seine Informationen ausschließlich aus Tageszeitungen oder Zeitschriften bezieht, kann nur mit Verspätung auf neue Entwicklungen reagieren. Auch Zeitverluste von nur einem Tag oder wenigen Stunden, mit denen Sie auf neue Informationen reagieren, können sich unter Umständen schon nachteilig auswirken.

Hauptquelle für alle Informationen sind die Vereinigten Wirtschaftsdienste (VWD) in Eschborn.

Auch ein Privatanleger sollte sich deshalb immer um Informationen aus erster Hand bemühen – und nach Möglichkeit dieselben Quellen anzapfen, aus denen auch Zeitungs- und Zeitschriftenredaktionen ihre Informationen beziehen.

Aktienkurse per Internet verfolgen

Was dort heute verbreitet wird, können Sie morgen oder nächsten Monat in der Tageszeitung oder einer Finanzillustrierten lesen – zu spät, sagen Sie? Dann müssen Sie sich direkt per Internet an die Quelle hängen. Der preisgünstigste Weg: die Internet-Homepage des Deutschen Aktieninstituts (DAI) in Frankfurt/Main (http://www.dai.de). Kostenlos bietet das DAI einen direkten Zugang zu den Ad-hoc-Meldungen der Vereinigten Wirtschaftsdienste.

Natürlich gibt es auch die Möglichkeit, Internetangebote einer Vielzahl von Wirtschaftsredaktionen zu nutzen – da allerdings ist dann mit Kosten und/oder Zeitverlusten zu rechnen. Denn auch die meisten Internetredaktionen verarbeiten zunächst mal die VWD-Nachrichten, ehe sie die Informationen weitergeben.

Andere Informationsquellen

Einen Trost gibt es allerdings für alle, die noch nicht oder nicht sofort voll computerisiert Börsengeschäfte verfolgen wollen: Auch die Anlageexperten der großen Banken, denen alle diese und weitere Informationen ständig zur Verfügung stehen, liegen mit ihren Einschätzungen oft voll daneben (siehe Seite 122f.). Es kommt eben nicht nur auf schnelle und richtige Informationen an, sondern immer ist auch ein bisschen Gespür oder Glück dabei. Und das kann auch haben, wer seine Informationen erst einen Tag später aus der Tageszeitung bezieht …

BÖRSENINFOS PER VIDEOTEXT

Eine weitere Möglichkeit, sich mit den neuesten Börseninformationen zu versorgen, bieten die verschiedenen Videotexttafeln der privaten und öffentlich-rechtlichen Fernsehsender. Zwar sind auch die hier veröffentlichten Kurse keineswegs brandneu, aber immerhin haben Sie hier alles Wesentliche auf ein paar Seiten zusammengefasst: deutsche Aktien (Haupt- und Nebenwerte), amerikanische Aktien, Schweizer Aktien, Aktien der Schwellenländer und so weiter. Auch die Ausgabe- und Rücknahmekurse verschiedener Investmentfonds werden hier täglich veröffentlicht.

Per Videotext erhalten Sie einen schnellen Überblick über die internationalen Aktienmärkte.

Die wichtigsten Videotextseiten

In der folgenden Übersicht haben wir für Sie die wichtigsten Videotextseiten zusammengestellt:

ARD
Seite 420: Übersicht Börse
Seite 423: 50 aktuelle Kurse
Seite 432: Übersicht über die Investmentkurse
Seiten 433 bis 438: alle Fonds von ADIG bis Zürich Invest
Seite 441: Börse New York
Seite 442: amtliche Devisenkurse
Seite 443: aktuelle Devisenkurse
Seite 450: Übersicht über die Optionsscheine
ntv
Seite 200: Übersicht Börse
Seite 210: deutsche Aktien
Seite 220: Optionsscheine
Seite 230: ausländische Aktien

Unterhaltsam und interessant zugleich ist die *Telebörse,* eine Sendung des Fernsehsenders *ntv.* Die aktuellen Sendezeiten: 12.30 Uhr, 19.10 Uhr und 22.10 Uhr. Diese Sendungen berichten von den neuesten Trends und Tendenzen der internationalen Aktienmärkte. Außerdem kommen Experten zu Wort, die Aktien und Anlagestrategien vorstellen. Ein weiterer Tip ist der telefonische Ansagedienst unter der Nummer 0 11 68, wo Sie die Schlussstände der einzelnen Börsen und Aktien erfahren können.

GELD VERDIENEN MIT AKTIEN

Nur wer die richtigen Aktienwerte im Depot hat, kann sich auf eine gute Rendite freuen. Rendite – das ist die jährliche Gesamtverzinsung eines angelegten Kapitals. Im Gegensatz zur Nominalverzinsung ist die Rendite die Realverzinsung, das heißt der tatsächliche Zinsertrag.

In diesem Kapitel erfahren Sie unter anderem, was Sie mit Aktien verdienen können, was andere an ihnen verdienen und wie Sie Nebenkosten minimieren können.

SCHLAGWORT RENDITE – WAS BEDEUTET DAS FÜR SIE?

Wer sein Geld auf einem Sparbuch anlegt, kann seine Rendite, also die für ein Jahr ermittelte Effektivverzinsung des eingesetzten Kapitals, relativ schnell erkennen: Der Guthabenzins, den das Institut zahlt, ist zugleich die Rendite. Ganz anders ist es bei Wertpapieren: Denn da spiegeln die Dividende (bei Aktien) oder der Zins (z. B. bei festverzinslichen Wertpapieren) nicht die Rendite wider – weil sie sich lediglich auf den Nennwert des jeweiligen Papiers beziehen. Der Kurswert, den Sie bezahlt haben und der den Wert Ihrer Anlage ausdrückt, wird nicht berücksichtigt.

> **Beispiel:** Angenommen, bei einer Aktie mit einem Nennwert von 50 DM und einem Börsenkurs von 200 DM beträgt die Bardividende 8 DM Mark und es gibt eine Steuergutschrift von 4,50 DM. Dann beträgt die Bruttodividende 12,50 DM – bezogen auf den Börsenkurs der Aktie ergibt sich eine Rendite von 6,25 Prozent.

Der Gewinn eines Aktionärs

Der gesamte Gewinn für einen Aktionär setzt sich aus folgenden Faktoren zusammen:

- Dividenden
- Kursgewinne
- Bezugsrechte

WAS MAN MIT BEZUGSRECHTEN
VERDIENEN KANN

Außer bei Gratis- und Berechtigungsaktien (siehe Seite 35) bekommt der Teilhaber einer Aktiengesellschaft als Altaktionär bei jeder Kapitalerhöhung die Möglichkeit eingeräumt, ein Vorkaufsrecht auf die jungen Aktien auszuüben. Die Bezugsrechte richten sich nach dem Aktienanteil des jeweiligen Anlegers. Er kann sie ausüben oder verkaufen. Der Wert eines Bezugsrechts kann tagesaktuell z. B. bei der Bank erfragt werden, er wird aber auch von Wirtschaftsredaktionen im Umfeld der Börsenkurse veröffentlicht.

Unter Bezugsrechten versteht man die Möglichkeit, an der Ausgabe von Gratis- oder Berechtigungsaktien zu verdienen.

Bezugsrecht verkaufen oder nicht?

Ob ein Bezugsrecht verkauft werden oder ausgeübt werden soll, kann der Anleger nur vom Einzelfall abhängig machen. Hierfür gibt es keine Faustregel. Der Anleger sollte sich zunächst ein Bild über die genauen Umstände der Kapitalaufstockung machen.

Findet eine Kapitalerhöhung statt, weil das Unternehmen in interessante Zukunftsmärkte investieren und mit dem frischen Geld seine Ertragsmöglichkeiten verbessern will, sollte das Bezugsrecht ausgeübt werden. Besteht Kapitalbedarf wegen einer wirtschaftlichen Schieflage des Unternehmens, kann ein Verkauf der Bezugsrechte sinnvoll sein. Es will stets gut überlegt sein, Bezugsrechte zu verkaufen.

Auch hier kommt es wie bei jedem Aktienkauf darauf an, die Zukunft des Unternehmens einzuschätzen. Wer da zu einem positiven Ergebnis kommt, macht mit dem Verkauf des Bezugsrechts meistens einen schlechten Schnitt.

Experten-Tip

Steht für Sie fest, dass Bezugsrechte nicht ausgeübt werden sollen, ist ein schneller Verkauf unbedingt ratsam. Regelmäßig sinkt der Wert der Bezugsrechte zum Ende des Bezugszeitraums rapide, weil dann große Mengen noch nicht ausgeübter Bezugsrechte auf den Markt kommen – und das drückt die Preise.

Zwar sinkt der Aktienkurs meistens nach der Kapitalerhöhung, weil vom Kurs der Wert des Bezugsrechts abgezogen wird. In vielen Fällen erreichen die Kurse aber schnell wieder ihre alte Höhe – zumindest bei insgesamt positiven Unternehmensaussichten. Auch an der Dividende ändert sich meistens nichts. Das aber bedeutet: Der Kapitaleinsatz pro Aktie verringert sich, für den Anleger ergibt sich eine höhere Dividendenrendite.

LANGFRISTIGE GEWINNE: DIE BÖRSE IST SICHERER ALS JEDE LOTTERIE

Eindrucksvolle Zahlen, die diese These untermauern, lassen sich schnell nennen: Wer am 31. Dezember 1987 eine Aktienanlage genau nach Gewichtung des DAX® eingegangen war, hatte sein Geld bis Anfang 1998 mehr als vervierfacht. Dazu haben vor allem die deutlichen Kursgewinne zum Ende dieses Betrachtungszeitraums beigetragen. Aber bei der Betrachtung des deutschen Aktienmarktes von 1955 bis heute ergibt sich, dass Anleger überwiegend im positiven Bereich lagen, oft mit Jahresrenditen um zehn Prozent. Je länger der Anlagezeitraum, desto mehr stabilisieren sich die Renditen auf einen Wert um acht Prozent pro Jahr.

Nun darf das aber nicht darüber hinwegtäuschen, dass immer wieder auch deutliche Einbrüche bei den Kursen zu verzeichnen waren – über kurze Zeiträume. So musste der Anleger von 1986 bis 1987 einen Verlust von 37,6 Prozent hinnehmen, auch 28,4 Prozent (von 1969 auf 1970) waren schon mal zu verdauen. Aber solchen Einbrüchen bei Jahresergebnissen stehen ebensolche Spitzengewinne ebenfalls über zwölf Monate gegenüber: 85,3 Prozent von 1984 auf 1985 oder 46,7 Prozent von 1992 auf 1993.

Größere Gewinn- als Verlustchancen

Erheblich mehr Jahre schlossen mit einem Gewinn für die Aktionäre als mit einem Verlust ab – und wenn doch einmal Spitzenverluste eintraten, lagen sie deutlich unter den Spitzengewinnen. Per Saldo hat der Aktionär immer deutlich größere Gewinn- als Verlustchancen.

Mit diesen insgesamt positiven Ergebnissen für einen bis 1955 zurückreichenden und damit relativ kurzen Zeitraum steht die Deutsche Börse aber nicht allein da. Beispiel USA: Der Analytiker Daniel Crawford hat für das *Journal of Investing* den amerikanischen Aktienmarkt von 1870 bis 1993 untersucht und ist dabei zu ähnlichen Ergebnissen gekommen, wie sie die Betrachtung der deutschen Renditen darstellt:

> **Von 123 ausgewerteten Börsenjahren schlossen nur 35 Jahre mit Verlusten für den Anleger.**

- Das Risiko, in einem Jahr mit Verlust abzuschließen, lag nur bei 28 Prozent (nämlich bei 35 zu 123).
- Die Chance dagegen, mit einem Gewinn abzuschließen, lag bei 72 Prozent.
- Der durchschnittliche Gewinn über den gesamten Zeitraum von 123 Jahren betrug 10,2 Prozent.
- Der durchschnittliche Verlust nur in den Verlustjahren lag kaum höher als bei 12 Prozent.
- Deutlich stärker aber fiel der durchschnittliche Gewinn nur für die Gewinnjahre aus: Er lag bei 19,7 Prozent.

Im schlimmsten Fall – nach dem »schwarzen Freitag« im Jahr 1929 – musste der Anleger sieben Jahre warten, bis aufgelaufene Verluste durch Gewinne wieder wettgemacht wurden. In rund der Hälfte aller Verlustjahre aber wären die Verluste schon nach einem Jahr durch Gewinne wieder aufgeholt worden.

Mit Aktien handeln oder Lotto spielen?

In der bekanntesten Lotterie, dem Zahlenlotto 6 aus 49, lässt sich die Chance auf den Hauptgewinn ebenfalls prozentual ausdrücken: Sie beträgt 0,00000715 Prozent. Auf den Aktienmarkt übertragen bedeutet das Lottospiel: Mehr als zehn Millionen Jahren mit Verlusten steht ein Jahr mit Gewinn gegenüber.

Nun hinkt dieser Vergleich, weil der einmalige Gewinn wesentlich höher ausfällt als die regelmäßigen Verluste – wird jeder Lottospieler anmerken. Deshalb ein praktisches Beispiel zur Veranschaulichung: Wer vom 20. bis zum 65. Lebensjahr monatlich 100 DM für Lottotips ausgibt, hat auf sechs Richtige eine Chance von 0,38 Prozent. Im Normalfall wird seine »Lottoanlage« von 54.000 DM (45 Jahre mal 1.200 DM) verloren sein.

Dagegen ergibt dieselbe Anlage von monatlich 100 DM bei derselben Anlagezeit in einem Sparplan für Aktienfonds angesichts der oben genannten Durchschnittsrendite von 10,2 Prozent ein Vermögen von über einer Million DM – nämlich genau 1.015.000 DM. Daraus ziehen wir folgende Schlussfolgerung:

Millionär oder Bankrotteur?

Wer sein ganzes Arbeitsleben lang monatlich 100 DM in Aktien investiert, wird mit an Sicherheit grenzender Wahrscheinlichkeit am Ende Millionär sein. Wer dasselbe Geld in Lottotips investiert, wird mit erheblich größerer Wahrscheinlichkeit einen Verlust von 54.000 DM verbuchen.

WORAN ERKENNT MAN LOHNENDE AKTIEN?

Eingangs haben wir zusammengestellt, aus welchen Faktoren sich der Gewinn für den Aktionär zusammensetzt. Vor allem die Kursgewinne spielen dabei eine entscheidende Rolle. Mancher Aktionär setzt sogar ganz auf die erhofften Kurssteigerungen und nimmt die weiteren Erträge aus Dividendenzahlungen oder dem Verkauf von Bezugsrechten eher als kleines Zubrot.

Aber: Auch Aktien mit sehr geringen Kurssteigerungen können eine interessante Anlageform sein – vor allem für Anleger, denen heftige Kursausschläge nicht geheuer sind.

«Sparbuchaktien» mit überdurchschnittlichen Dividenden?

Oft bieten nämlich solche Aktien überdurchschnittlich hohe Dividendenerträge von nicht selten mehr als vier, manchmal sogar über fünf Prozent.

In vielen Fällen handelt es sich dabei um die Aktien von Unternehmen, die in relativ stabilen, konjunkturunabhängigen oder klar aufgeteilten Märkten ihre Geschäfte machen. Auch Energieversorgungsunternehmen gehören dazu, nach Ende der Spekulationsphase um private Marktteilnehmer und deren Chancen aber auch Werte wie die Deutsche Telekom. Zusammen mit den oft stattlichen Körperschaftsteuer-Gutschriften stellen solche Sparbuchaktien oft eine sehr interessante und lohnende Alternative zu festverzinslichen Wertpapieren dar.

Papiere mit hohen Dividenden werden auch Sparbuchaktien genannt.

Wer auf solche Aktien setzen will, sollte sich entsprechende Papiere von seinem Wertpapierberater nennen lassen oder sie selbst anhand von Kursvergleichen (Hoch/Tief über möglichst lange Zeiträume) und Betrachtung der Dividendenrendite ermitteln. Berücksichtigen Sie gerade bei solchen Papieren aber unbedingt, dass Sie die als Spekulationsgewinn eventuell steuerfreien Kurssteigerungen nicht gegen möglicherweise steuerpflichtige Ausschüttungen eintauschen (siehe Seite 161ff.).

GEWINNE VERGLEICHEN UND RENDITEN ERMITTELN

Um einen direkten Vergleich zwischen Dividendenzahlungen verschiedener Aktien zu ziehen, setzt man die Dividende ins Verhältnis zum aktuellen Kurs. Die ermittelte Dividendenrendite liefert einen wichtigen Anhaltspunkt, wie sich das angelegte Kapital verzinst. Die Berechnung ist denkbar einfach. Alles, was Sie zu dieser Berechnung benötigen, ist ein Taschenrechner und einige Informationen zu der Aktie, für die Sie die Dividendenrendite ermitteln wollen: nämlich den aktuellen Kurs und die Dividende.

So ermitteln Sie die Dividendenrendite

Schritt 1

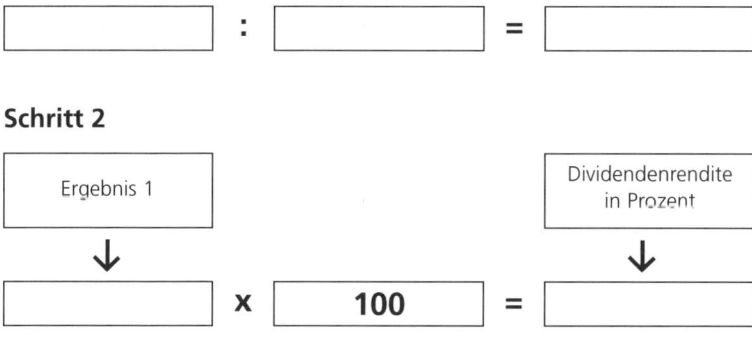

Schritt 2

So ermitteln Sie das Kurs-Gewinn-Verhältnis (KGV)

Diese Kennzahl (abgekürzt KGV, in den USA PER oder P/E für Price/ Earning Ratio) gibt an, wie oft der Unternehmensgewinn je Aktie im aktuellen Tageskurs des Wertpapiers enthalten ist. Der Investor gewinnt so eine Orientierungsgrundlage, welchen Betrag er für einen Gewinn von einer Mark (oder anderer Währung) anlegen muss.

Das Verhältnis sollte also möglichst niedrig sein – dann ist eine Aktie preiswert.

Zur Ermittlung des KGV ist es erforderlich, den Unternehmensgewinn pro Aktie herauszufinden. Dieser kann im Jahresabschluss der Aktiengesellschaft erwähnt sein, doch zwingende Vorschriften dazu gibt es – im Gegensatz zum amerikanischen Aktienrecht – in Deutschland nicht. Allerdings werden in einigen Wirtschaftszeitungen die KGVs abgedruckt. Sie werden normalerweise auf der Grundlage geschätzter Gewinnprognosen ermittelt.

So ermitteln Sie den Bilanzkurs

Dieser Kurs ist ein wichtiges Hilfsmittel, um einzuschätzen, welche Substanz im Unternehmen bzw. in der einzelnen Aktie verborgen ist. Der Bilanzkurs gibt den möglichen Tiefstkurs einer Aktie in normalen Börsenzeiten an und liefert somit ein Indiz für das Risiko der Anlage. Falls in schlechten Zeiten der Börsenkurs unter den Bilanzkurs sinkt, kann der Anleger bei gesunden Unternehmen davon ausgehen, dass in normalen Börsenzeiten der Kurswert wieder über den Bilanzkurs steigt.

Allerdings ermöglicht auch das Kurs-Gewinn-Verhältnis keineswegs eine absolut verlässliche Voraussage darüber, ob der Kurs dieser Aktie auf absehbare Zeit wieder steigen wird. Das KGV stellt nur einen Indikator dar, ein Risiko bleibt immer.

Schritt 1

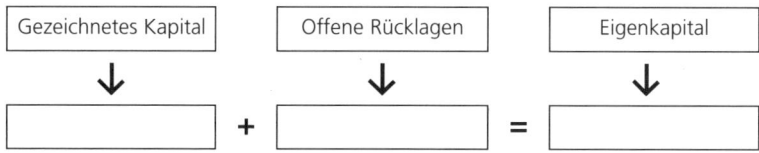

Schritt 2

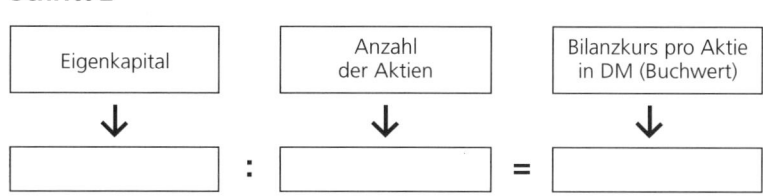

So vergleichen Sie verschiedene Wertpapiere miteinander

Für welche Art von (Einmal-)Anlage Sie sich auch entscheiden oder bereits entschieden haben – das folgende Rechenmuster hilft Ihnen, die erzielte Rendite zu ermitteln. Nur sie bietet einen Vergleichsmaßstab für die Ertragskraft verschiedener Anlageformen. Wichtig wird dies, wenn Sie sich z. B. zwischen festverzinslichen Wertpapieren oder Aktien entscheiden wollen. Nettorendite bedeutet in diesem Fall, dass eventuelle steuerliche Abzüge noch nicht berücksichtigt werden (siehe Seite 158ff.).

Schritt 1

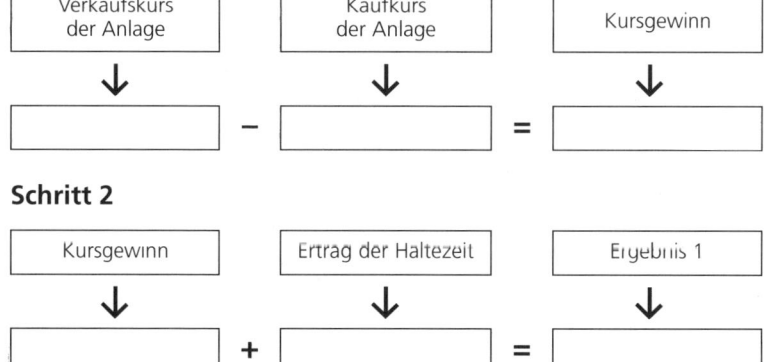

Schritt 3

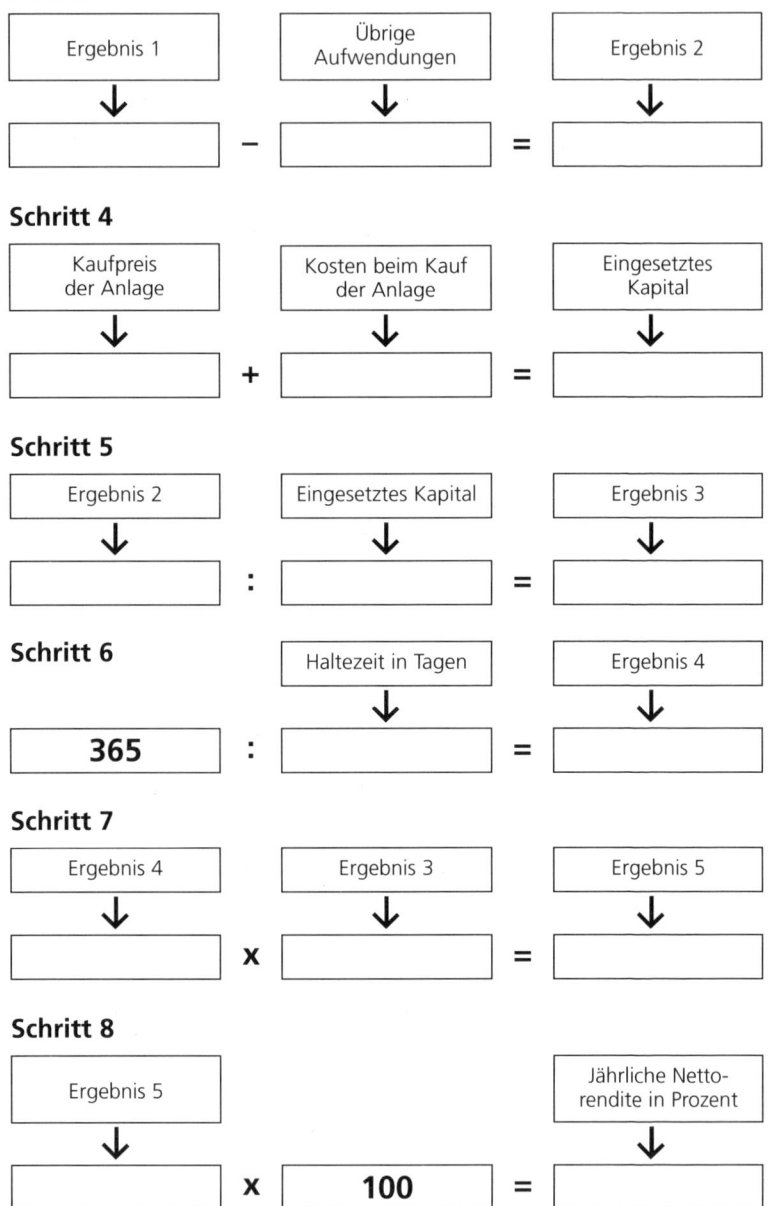

Schritt 4

Schritt 5

Schritt 6

Schritt 7

Schritt 8

So berechnen Sie die Rendite bei Anleihen

Die Rendite von festverzinslichen Wertpapieren steht in enger Verbindung mit dem Barwert. Diese Zahl gibt Auskunft über den gegenwärtigen Wert künftiger Zahlungen, die aus dem Inhaberrecht der Anleihe erwachsen. Die Rendite ist nichts anderes als der Zinssatz, mit dem diese zukünftigen Zahlungen abgezinst (diskontiert) werden müssen, um einen Barwert zu erhalten, der dem aktuellen Anleihekurs gleichkommt. Die exakte Berechnung ist ziemlich komplex und mit einem normalen Taschenrechner nicht zu bewerkstelligen. Wir greifen daher auf eine gebräuchliche Faustformel zurück, die durchaus zuverlässige Ergebnisse liefert. Darauf fußt das folgende Rechenmuster. Um die Rendite von festverzinslichen Wertpapieren auszurechnen, benötigen Sie den Nennwert und den aktuellen Kaufpreis der Anleihe.

Schritt 1

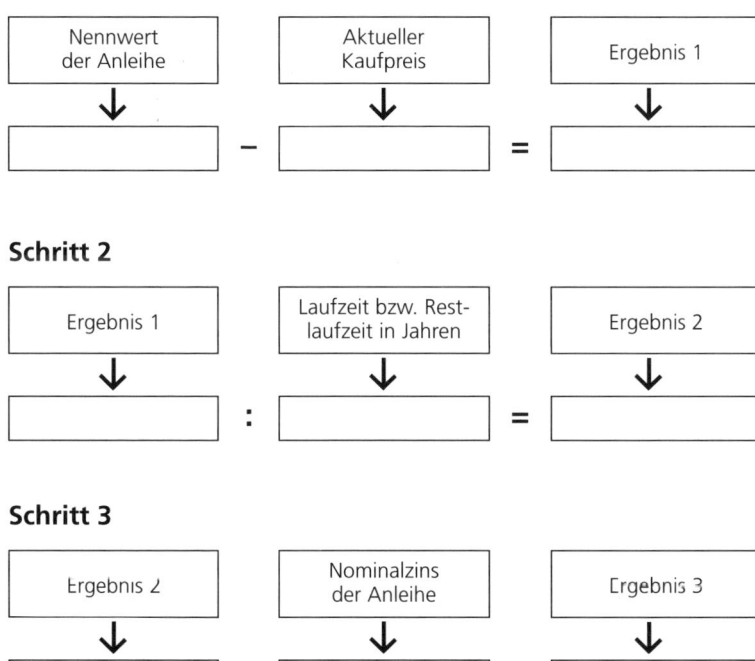

Schritt 2

Schritt 3

Schritt 4

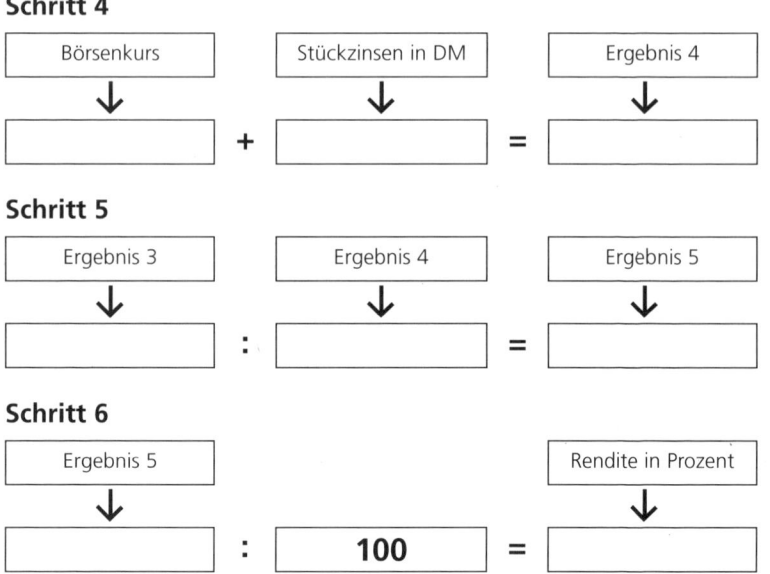

Börsenkurs		Stückzinsen in DM		Ergebnis 4
↓		↓		↓
	+		=	

Schritt 5

Ergebnis 3		Ergebnis 4		Ergebnis 5
↓		↓		↓
	:		=	

Schritt 6

Ergebnis 5				Rendite in Prozent
↓				↓
	:	**100**	=	

Investmentfonds: So blicken Sie bei Wertentwicklung und Rendite durch

Die von den verschiedenen Anbietern stolz präsentierten Wertzuwachsraten ihrer Investmentfonds sind mitunter wirklich beeindruckend. Mühelos, so scheint es manchmal, hängen da die Fondsmanager sogar Aktien ab, die durch raketenhaft steigende Kurse für Aufsehen sorgen. Was aber steckt hinter den Zahlen? Oft nur die halbe Wahrheit. Denn eine Wertentwicklung von beispielsweise 110 Prozent bei zehn Jahren Anlagedauer heißt, dass der Anleger in der Vergangenheit 210 DM kassieren konnte, wenn er 100 DM investiert hat – vorausgesetzt, alle Erträge wurden wieder angelegt.

Allerdings berücksichtigen die veröffentlichten Wertzuwachsangaben normalerweise nicht den Ausgabeaufschlag (Agio) beim Erwerb der Zertifikate (Differenz zwischen Verkaufs- und Rücknahmepreis des Anteils). Entscheidend ist daher unter dem Strich nur die tatsächliche Rendite, auch um einen Vergleich mit anderen Anlageformen ziehen zu können.

Angegebene Wertentwicklung in Prozent	Drei Jahre Anlagedauer				
	Agio in Prozent				
	3	4	5	6	7
	Rendite in Prozent				
−20	−8,08	−8,37	−8,67	−8,95	−9,24
−15	−6,2	−6,5	−6,8	−7,1	−7,39
−10	−4,4	−4,71	−5,01	−5,31	−5,6
− 5	−2,66	−2,97	−3,28	−3,59	−3,89
0	−0,98	−1,3	−1,61	−1,92	−2,23
5	0,64	0,32	0	−0,32	−0,63
10	2,22	1,89	1,56	1,24	0,93
15	3,74	3,41	3,08	2,75	2,43
20	5,22	4,89	4,55	4,22	3,9
25	6,67	6,32	5,98	5,65	5,32
30	8,07	7,72	7,38	7,04	6,71
35	9,44	9,09	8,74	8,4	8,06
40	10,77	10,42	10,06	9,72	9,37
45	12,08	11,72	11,36	11,01	10,66
50	13,35	12,98	12,62	12,27	11,92
55	14,59	14,23	13,86	13,5	13,15
60	15,81	15,44	15,07	14,71	14,35
65	17,01	16,63	16,26	15,89	15,53
70	18,18	17,8	17,42	17,05	16,69
75	19,33	18,94	18,56	18,19	17,82
80	20,45	20,06	19,68	19,3	18,93
85	21,56	21,17	20,78	20,4	20,02
90	22,64	22,25	21,86	21,47	21,09
95	23,71	23,31	22,92	22,53	22,15
100	24,76	24,36	23,96	23,57	23,18
105	25,79	25,38	24,98	24,59	24,2
110	26,8	26,39	25,99	25,59	25,2
115	27,8	27,39	26,98	26,58	26,19
120	28,78	28,37	27,96	27,56	27,16
125	29,75	29,34	28,92	28,52	28,11
130	30,71	30,29	29,87	29,46	29,06
135	31,65	31,22	30,81	30,39	29,99
140	32,57	32,15	31,73	31,31	30,9
145	33,49	33,06	32,64	32,22	31,8
150	34,39	33,96	33,53	33,11	32,69
155	35,28	34,85	34,42	33,99	33,57
160	36,16	35,72	35,29	34,86	34,44

Fünf Jahre Anlagedauer					
Angegebene Wertentwicklung in Prozent	Agio in Prozent				
	3	4	5	6	7
	Rendite in Prozent				
−20	−4,93	−5,11	−5,29	−5,47	−5,65
−15	−3,77	−3,95	−4,14	−4,32	−4,5
−10	−2,66	−2,85	−3,04	−3,22	−3,4
−5	−1,6	−1,79	−1,98	−2,17	−2,35
0	−0,59	−0,78	−0,97	−1,16	−1,34
5	0,39	0,19	0	−0,19	−0,38
10	1,32	1,13	0,93	0,74	0,55
15	2,23	2,03	1,84	1,64	1,45
20	3,1	2,9	2,71	2,51	2,32
25	3,95	3,75	3,55	3,35	3,16
30	4,77	4,56	4,36	4,17	3,97
35	5,56	5,36	5,15	4,96	4,76
40	6,33	6,13	5,92	5,72	5,52
45	7,08	6,87	6,67	6,47	6,27
50	7,81	7,6	7,39	7,19	6,99
55	8,52	8,31	8,1	7,9	7,69
60	9,21	9	8,79	8,58	8,38
65	9,88	9,67	9,46	9,25	9,05
70	10,54	10,33	10,12	9,91	9,7
75	11,18	10,97	10,76	10,55	10,34
80	11,81	11,6	11,38	11,17	10,96
85	12,43	12,21	11,99	11,78	11,57
90	13,03	12,81	12,59	12,38	12,17
95	13,62	13,4	13,18	12,97	12,75
100	14,19	13,97	13,75	13,54	13,33
105	14,76	14,54	14,32	14,1	13,89
110	15,31	15,09	14,87	14,65	14,44
115	15,86	15,63	15,41	15,19	14,98
120	16,39	16,17	15,94	15,72	15,51
125	16,91	16,69	16,47	16,25	16,03
130	17,43	17,2	16,98	16,76	16,54
135	17,94	17,71	17,48	17,26	17,04
140	18,43	18,2	17,98	17,76	17,53
145	18,92	18,69	18,47	18,24	18,02
150	19,4	19,17	18,95	18,72	18,5
155	19,88	19,65	19,42	19,19	18,97
160	20,34	20,11	19,88	19,66	19,43

Zehn Jahre Anlagedauer				
Angegebene Wertentwicklung in Prozent	Agio in Prozent			
	3	4	5	6	7
	Rendite in Prozent				
0	−0,3	−0,39	−0,49	−0,58	−0,67
5	0,19	0,1	0	−0,09	−0,19
10	0,66	0,56	0,47	0,37	0,28
15	1,11	1,01	0,91	0,82	0,72
20	1,54	1,44	1,34	1,25	1,15
25	1,95	1,86	1,76	1,66	1,57
30	2,36	2,26	2,16	2,06	1,97
35	2,74	2,64	2,54	2,45	2,35
40	3,12	3,02	2,92	2,82	2,72
45	3,48	3,38	3,28	3,18	3,09
50	3,83	3,73	3,63	3,53	3,44
55	4,17	4,07	3,97	3,87	3,78
60	4,5	4,4	4,3	4,2	4,11
65	4,82	4,72	4,62	4,52	4,43
70	5,14	5,04	4,94	4,84	4,74
75	5,44	5,34	5,24	5,14	5,04
80	5,74	5,64	5,54	5,44	5,34
85	6,03	5,93	5,83	5,73	5,63
90	6,31	6,21	6,11	6,01	5,91
95	6,59	6,49	6,39	6,29	6,19
100	6,86	6,76	6,66	6,55	6,45
105	7,13	7,02	6,92	6,82	6,72
110	7,38	7,28	7,18	7,08	6,98
115	7,64	7,53	7,43	7,33	7,23
120	7,88	7,78	7,68	7,58	7,47
125	8,13	8,02	7,92	7,82	7,72
130	8,37	8,26	8,16	8,05	7,95
135	8,6	8,49	8,39	8,29	8,19
140	8,83	8,72	8,62	8,52	8,41
145	9,05	8,95	8,84	8,74	8,64
150	9,27	9,17	9,06	8,96	8,86
155	9,49	9,38	9,28	9,18	9,07
160	9,7	9,6	9,49	9,39	9,28
165	9,91	9,8	9,7	9,6	9,49
170	10,12	10,01	9,9	9,8	9,7
175	10,32	10,21	10,11	10	9,9
180	10,52	10,41	10,31	10,2	10,1

15 Jahre Anlagedauer					
Angegebene Wertentwicklung in Prozent	Agio in Prozent				
	3	4	5	6	7
	Rendite in Prozent				
140	5,8	5,73	5,67	5,6	5,53
150	6,09	6,02	5,95	5,89	5,82
160	6,37	6,3	6,23	6,16	6,1
170	6,64	6,57	6,5	6,43	6,36
180	6,89	6,83	6,76	6,69	6,62
190	7,14	7,08	7,01	6,94	6,87
200	7,39	7,32	7,25	7,18	7,11
210	7,62	7,55	7,48	7,42	7,35
220	7,85	7,78	7,71	7,64	7,58
230	8,07	8	7,93	7,86	7,8
240	8,29	8,22	8,15	8,08	8,01
250	8,5	8,43	8,36	8,29	8,22
260	8,7	8,63	8,56	8,49	8,42
270	8,9	8,83	8,76	8,69	8,62
280	9,09	9,02	8,95	8,88	8,82
290	9,28	9,21	9,14	9,07	9
300	9,47	9,4	9,33	9,26	9,19
310	9,65	9,58	9,51	9,44	9,37
320	9,82	9,75	9,68	9,61	9,54
330	10	9,92	9,85	9,79	9,72
340	10,16	10,09	10,02	9,95	9,88
350	10,33	10,26	10,19	10,12	10,05
360	10,49	10,42	10,35	10,28	10,21
370	10,65	10,58	10,51	10,44	10,37
380	10,81	10,73	10,66	10,59	10,52
390	10,96	10,89	10,82	10,75	10,68
400	11,11	11,04	10,96	10,89	10,83
420	11,4	11,33	11,26	11,19	11,12
440	11,68	11,61	11,54	11,47	11,4
460	11,95	11,88	11,81	11,74	11,67
480	12,21	12,14	12,07	12	11,93
500	12,47	12,39	12,32	12,25	12,18
520	12,71	12,64	12,57	12,5	12,43
540	12,95	12,88	12,81	12,73	12,66
560	13,18	13,11	13,04	12,97	12,9
580	13,41	13,34	13,26	13,19	13,12
600	13,63	13,55	13,48	13,41	13,34

20 Jahre Anlagedauer				
Angegebene Wertentwicklung in Prozent	Agio in Prozent			
	3	**4**	**5**	**6**	**7**
	Rendite in Prozent			
160	4,74	4,69	4,64	4,59	4,54
180	5,13	5,08	5,03	4,98	4,93
200	5,49	5,44	5,39	5,34	5,29
220	5,83	5,78	5,73	5,68	5,63
240	6,15	6,1	6,05	6	5,95
260	6,46	6,41	6,35	6,3	6,25
280	6,74	6,69	6,64	6,59	6,54
300	7,02	6,97	6,92	6,87	6,82
320	7,28	7,23	7,18	7,13	7,08
340	7,53	7,48	7,43	7,38	7,33
360	7,77	7,72	7,67	7,61	7,56
380	8	7,95	7,9	7,84	7,79
400	8,22	8,17	8,12	8,06	8,01
420	8,43	8,38	8,33	8,28	8,23
440	8,64	8,58	8,53	8,48	8,43
460	8,83	8,78	8,73	8,68	8,63
480	9,03	8,97	8,92	8,87	8,82
500	9,21	9,16	9,11	9,05	9
520	9,39	9,34	9,28	9,23	9,18
540	9,56	9,51	9,46	9,41	9,36
560	9,73	9,68	9,63	9,58	9,52
580	9,9	9,84	9,79	9,74	9,69
600	10,06	10	9,95	9,9	9,85
620	10,21	10,16	10,11	10,05	10
640	10,36	10,31	10,26	10,2	10,15
660	10,51	10,46	10,4	10,35	10,3
680	10,65	10,6	10,55	10,49	10,44
700	10,79	10,74	10,69	10,63	10,58
720	10,93	10,88	10,82	10,77	10,72
740	11,06	11,01	10,96	10,9	10,85
760	11,19	11,14	11,09	11,03	10,98
780	11,32	11,27	11,22	11,16	11,11
800	11,45	11,39	11,34	11,29	11,24
820	11,57	11,52	11,46	11,41	11,36
840	11,69	11,64	11,58	11,53	11,48
860	11,81	11,75	11,7	11,65	11,59
880	11,92	11,87	11,82	11,76	11,71

Investmentfonds-Sparpläne:
So errechnen Sie Ihre bisherige Rendite

Gerade für Anleger mit kleineren Einkommen, die zunächst einmal Vermögen bilden wollen, bieten die Investmentfonds-Sparpläne hervorragende Möglichkeiten. Wenn Sie nun bereits seit einiger Zeit in Form regelmäßiger Beiträge in einen Fonds investieren und wissen möchten, welche durchschnittliche Rendite Sie bereits erzielt haben, nutzen Ihnen die Angaben zur Wertentwicklung herzlich wenig. Das folgende Rechenmuster hilft Ihnen weiter. Dazu müssen Sie allerdings ein wenig Mühe auf sich nehmen. Ein Taschenrechner erweist sich hier als äußerst nützlich. Und so gehen Sie dabei vor:

- Zunächst zählen Sie die Anzahl der erworbenen Anteile zusammen. Die Summe der Anteile nennen wir einfach Anteile.
- Als Nächstes finden Sie heraus, wie hoch der Rücknahmepreis pro Anteil für Ihr Zertifikat im Augenblick ist – dazu genügt ein Blick in den Börsenteil der Tageszeitung unter »Investmentfonds«.

Schritt 1

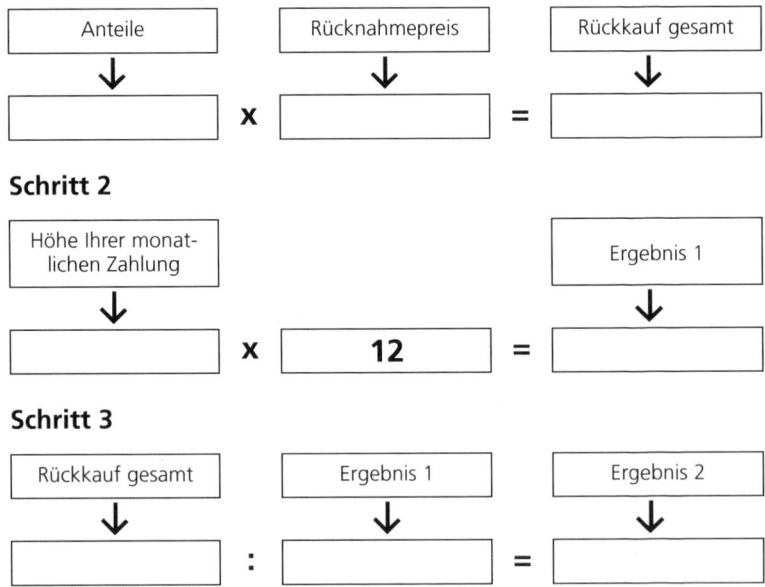

Schritt 2

Schritt 3

Schritt 4

Suchen Sie nun in der folgenden Tabelle, und zwar in der Zeile mit der entsprechenden Anlagedauer, den Wert, der Ihrem Ergebnis aus dem zweiten Schritt am nächsten kommt. Am oberen Ende der betreffenden Spalte finden Sie dann die Prozentangabe, die Ihrer bis dahin erzielten jährlichen Rendite entspricht. Beachten Sie bitte, dass Sie als Endergebnis einen Näherungswert erhalten, weil die Tabelle von nachschüssigen Jahreszahlungen ausgeht.

Anlage-dauer in Jahren	Rendite in Prozent					
	2,0 %	2,5 %	3,0 %	3,5 %	4,0 %	4,5 %
2	2,0200	2,0250	2,0300	2,0350	2,0400	2,0450
3	3,0604	3,0756	3,0909	3,1062	3,1216	3,1370
4	4,1216	4,1525	4,1836	4,2149	4,2465	4,2782
5	5,2040	5,2563	5,3091	5,3625	5,4163	5,4707
6	6,3081	6,3877	6,4684	6,5502	6,6330	6,7169
7	7,4343	7,5474	7,6625	7,7794	7,8983	8,0192
8	8,5830	8,7361	8,8923	9,0517	9,2142	9,3800
9	9,7546	9,9545	10,1591	10,3685	10,5828	10,8021
10	10,9497	11,2034	11,4639	11,7314	12,0061	12,2882
11	12,1687	12,4835	12,8078	13,1420	13,4864	13,8412
12	13,4121	13,7956	14,1920	14,6020	15,0258	15,4640
13	14,6803	15,1404	15,6178	16,1130	16,6268	17,1599
14	15,9739	16,5190	17,0863	17,6770	18,2919	18,9321
15	17,2934	17,9319	18,5989	19,2957	20,0236	20,7841
16	18,6393	19,3802	20,1569	20,9710	21,8245	22,7193
17	20,0121	20,8647	21,7616	22,7050	23,6975	24,7417
18	21,4123	22,3863	23,4144	24,4997	25,6454	26,8551
19	22,8406	23,9460	25,1169	26,3572	27,6712	29,0636
20	24,2974	25,5447	26,8704	28,2797	29,7781	31,3714

Anlage-dauer in Jahren	Rendite in Prozent					
	5,0 %	5,5 %	6,0 %	6,5 %	7,0 %	7,5 %
2	2,0500	2,0550	2,0600	2,0650	2,0700	2,0750
3	3,1525	3,1680	3,1836	3,1992	3,2149	3,2306
4	4,3101	4,3423	4,3746	4,4072	4,4399	4,4729
5	5,5256	5,5811	5,6371	5,6936	5,7507	5,8084
6	6,8019	6,8881	6,9753	7,0637	7,1533	7,2440
7	8,1420	8,2669	8,3938	8,5229	8,6540	8,7873
8	9,5491	9,7216	9,8975	10,0769	10,2598	10,4464
9	11,0266	11,2563	11,4913	11,7319	11,9780	12,2298
10	12,5779	12,8754	13,1808	13,4944	13,8164	14,1471
11	14,2068	14,5835	14,9716	15,3716	15,7836	16,2081
12	15,9171	16,3856	16,8699	17,3707	17,8885	18,4237
13	17,7130	18,2868	18,8821	19,4998	20,1406	20,8055
14	19,5986	20,2926	21,0151	21,7673	22,5505	23,3659
15	21,5786	22,4087	23,2760	24,1822	25,1290	26,1184
16	23,6575	24,6411	25,6725	26,7540	27,8881	29,0772
17	25,8404	26,9964	28,2129	29,4930	30,8402	32,2580
18	28,1324	29,4812	30,9057	32,4101	33,9990	35,6774
19	30,5390	32,1027	33,7600	35,5167	37,3790	39,3532
20	33,0660	34,8683	36,7856	38,8253	40,9955	43,3047

DIE BANKEN VERDIENEN IMMER MIT – DURCH GEBÜHREN

Ich kaufe mir ein paar Aktien und spekuliere damit – so schön der Gedanke ist, er hat jedoch einen Haken. Denn Sie selbst können nicht kaufen, sondern allenfalls kaufen lassen. Schließlich dürfen Sie als Anleger selbst nicht einfach aufs Börsenparkett und Ihre Or-

Anlage-dauer in Jahren	Rendite in Prozent				
	8,0 %	8,5 %	9,0 %	9,5 %	10,0 %
2	2,0800	2,0850	2,0900	2,0950	2,1000
3	3,2464	3,2622	3,2781	3,2940	3,3100
4	4,5061	4,5395	4,5731	4,6070	4,6410
5	5,8666	5,9254	5,9847	6,0446	6,1051
6	7,3359	7,4290	7,5233	7,6189	7,7156
7	8,9228	9,0605	9,2004	9,3426	9,4872
8	10,6366	10,8306	11,0285	11,2302	11,4359
9	12,4876	12,7512	13,0210	13,2971	13,5795
10	14,4866	14,8351	15,1929	15,5603	15,9374
11	16,6455	17,0961	17,5603	18,0385	18,5312
12	18,9771	19,5492	20,1407	20,7522	21,3843
13	21,4953	22,2109	22,9534	23,7236	24,5227
14	24,2149	25,0989	26,0192	26,9774	27,9750
15	27,1521	28,2323	29,3609	30,5402	31,7725
16	30,3243	31,6320	33,0034	34,4416	35,9497
17	33,7502	35,3207	36,9737	38,7135	40,5447
18	37,4502	39,3230	41,3013	43,3913	45,5992
19	41,4463	43,6654	46,0185	48,5135	51,1591
20	45,7620	48,3770	51,1601	54,1222	57,2750

ders abgeben. Also müssen Sie einen Dienstleister beauftragen – und ihn dafür bezahlen. Jeder Kauf und Verkauf von Aktien kostet Gebühren.

Nach den Standardgebühren der Geldinstitute kommen auf Sie als Aktionär folgende Kosten zu:

- Beim Kauf der Aktien: ein Prozent Provision vom Kurswert
- Beim Verkauf der Aktien: ein Prozent Provision vom Kurswert

- Für die Aufbewahrung der Aktien: eine Gebühr, bemessen nach dem Kurswert der Aktien oder eine Mindestgebühr je Posten
- Oder eine jährliche Mindestgebühr, unabhängig von Kurswert und Anzahl der im Depot verwahrten Posten

Sie sehen schon: Es gibt für die Banken eine Vielzahl von Möglichkeiten, bei Ihren Aktiengeschäften mitzuverdienen. Ohne auch nur einen Pfennig mit der Aktie verdient zu haben, müssen Sie im Normalfall also schon mal zwei Prozent des Aktienwertes zuzüglich der stark unterschiedlichen Gebühren für die Aufbewahrung auf dem Depotkonto bezahlen. Im Klartext heißt das: Wer Anfang des Jahres Aktien kauft und sie zum Jahresultimo wieder abstößt, drückt seine Rendite im Normalfall schon mal um zwei Prozent.

Wer sein Depot oft umschichtet, ist der Liebling aller Banken

An verschiedenen Stellen dieses Buches finden Sie immer wieder Beispiele dafür, wie viel Geld mit der Anlage in Aktien zu einem bestimmten Zeitpunkt zu verdienen gewesen wäre. Vor allem langfristig kommt da unter dem Strich immer eine ansehnliche Rendite heraus. Dabei wird allerdings immer unterstellt, dass Sie im Laufe all der Anlagejahre die Aktien gehalten haben – doch wer macht das schon? Anders gesagt: Die Bank hat gar kein Interesse daran, dass Sie einmal Aktien kaufen und dann abwarten. Am liebsten sind ihr die Kunden, die häufig ein Depot umschichten und gern auf aktuelle Trends oder Prognosen umschwenken. Denn da lassen sich jedes Mal wieder Gebühren kassieren.

Jeder Depotumbau ist mit Gebühren verbunden

Daran sollten Sie auch denken, wenn Ihr Wertpapierberater sich mal wieder telefonisch bei Ihnen meldet und irgendwelche Anregungen gibt, den einen oder anderen Tip für Sie bereithält. Ihm kann es letztlich egal sein, ob Sie gewinnen oder verlieren. Sogar gleich doppelt: Denn für die Bank stellt der Vorgang eines Depotumbaus ja immer zwei getrennte Geschäftsvorfälle dar, nämlich Verkauf und Kauf. Deshalb ist es die vordringlichste Aufgabe eines Wertpapierberaters, die Kunden zu Aktivitäten zu verleiten.

Die Bank verdient bei jeder Verkauf- und Kauforder.

Angenommen, Sie bauen viermal im Jahr Ihre Anlage um. Dann kommen bei einem Aktienpaket im Wert von 10.000 DM nur an Provisionen für Kauf und Verkauf schon 800 DM für die Bank zusammen. Noch nicht berücksichtigt sind dabei die Depotgebühren. Sie starten in diesem Fall also schon mit einer negativen Rendite von acht Prozent ins Aktienrennen – die aber will erst mal wieder durch Gewinne eingefahren werden.

Kurseinbrüche führen schnell in die Verlustzone

Nicht auszudenken, wenn Sie nun im Rahmen der vier Wertpapiergeschäfte nur einmal einen Kursverlust von eigentlich lächerlichen 500 DM realisiert haben: Dann müssen Sie insgesamt schon zwölf Prozent Rendite einfahren, nur um zum Jahresende keinen echten Verlust erlitten zu haben – ganz abgesehen davon, dass die nun erforderlichen zwölf Prozent, bei denen Sie immer noch nichts verdient haben, bereits deutlich über der durchschnittlichen Aktienrendite über lange Zeiträume liegen.

Experten-Tip

Hektisches Kaufen und Verkaufen, die ständige Jagd nach dem schnellen Gewinn, führt einen Kleinanleger binnen kurzer Frist in die Verlustzone. Je geringer Ihr Anlagekapital ist, desto seltener sollte das Depot umgeschichtet werden.

Der Gebührenbluff mit den Fünf-Mark-Aktien

Gerade um die Aktie auch für Kleinanleger interessanter zu machen, wurden seit Mitte unseres Jahrzehnts zunehmend die Nennwerte der Aktien von 50 auf 5 DM reduziert. So wurde zu Beginn des Umstellungsjahres 1995 die Aktie der Deutschen Bank noch mit 690 DM an der Börse gehandelt. Nach der Nennwertumstellung kostete dieselbe Aktie Mitte des Jahres nur noch knapp 70 DM.

Auf den ersten Blick war diese zwischenzeitlich bei vielen Aktien erfolgte Umstellung eine feine und für die Kleinanleger gute Sache. Denn wer z. B. 1995 erstmals und vielleicht mit einem Betrag von unter 1.000 DM bei Aktien einsteigen wollte, konnte nun nicht mehr nur einen Anteilschein kaufen, sondern seinen Anlagebetrag sogar schon splitten. Statt nur einen Anteilschein der Deutschen Bank (zum alten Nennwert) hätte er sich damals neben eben diesem Papier (zum neuen Nennwert) auch noch Anteilscheine von dem Brillenverkäufer Fielmann, dem Pharmariesen Schering und dem damals aufstrebenden (zwischenzeitlich zusammengebrochenen) Computerhändler Escom kaufen und somit bereits für kleines Geld eine große Streuung seiner Anlage auf die unterschiedlichsten Branchen herbeiführen können.

Grund- und Mindestgebühren der Geldinstitute

Was man unbedingt wissen sollte: Gerade bei der Fünf-Mark-Aktie schlagen die Gebühren noch viel spürbarer durch als bei den früheren Nennwerten. Denn wegen der Grund- oder Mindestgebühren hätte die eben dargestellte Streuung der Anlagen bei den Geschäftsbanken und bei Sparkassen bedeutet, dass auf jedes Wertpapier noch mal 20 bis 50 DM an Kaufprovision angefallen wären. Beispiel Deutsche Bank: An Gebühren für Kauf und Verkauf eines Anteilscheins wäre mit zusammen 60 DM fast der damalige Kurswert eines Anteils fällig gewesen.

Experten-Tip

Spekulationen mit einzelnen Fünf-Mark-Aktien rechnen sich nicht, weil hohe Mindestgebühren für Kauf und Verkauf Kurssteigerungen erforderlich machen, die kaum zu erwarten sind.

Bezogen auf unser Beispiel hätte der Kurs der Deutsche-Bank-Aktie um 90 Prozent steigen müssen, um neben den Provisionen noch einen Gewinn übrig zu behalten. Das war damals nicht realistisch – und ist es heute ebenso wenig. So begrüßenswert die Einführung der Fünf-Mark-Aktie gewesen ist – ein nennenswerter Beitrag zur Hebung der Aktienkultur und zur Begeisterung breiterer Bevölkerungsschichten wurde damit nicht erreicht. Die Geldinstitute haben sich durch ihre Gebührenpolitik selbst einen Bärendienst erwiesen.

Die Konkurrenz unter den Banken lässt die Gebühren sinken

Mitte dieses Jahrzehnts sind aber nicht nur die Fünf-Mark-Aktien eingeführt worden, sondern es gibt erstmals auch echte Konkurrenz unter den Geldinstituten. Direktbanken, die ohne Filialnetz per

Telefon, Internet oder Fax ihre Kunden bedienen, haben sich vor allem mit günstigen Gebühren bei Wertpapierprovisionen und preiswerten Depots hervorgetan.

Ein Nachteil des Handels mit Direktbanken gegenüber Wertpapiergeschäften mit Geschäftsbanken und Sparkassen ist zwar bei oberflächlicher Betrachtung der Wegfall von Beratungsleistungen. Denn diese finden entweder gar nicht oder nur gegen einen Gebührenaufschlag statt. Doch angesichts des echten Nutzens der Beratungsleistungen (siehe Seite 122f.) erhebt sich die Frage, ob man deren Wegfall oder die besondere Gebührenpflicht wirklich bedauern muss.

Folgende Geldinstitute bieten Anlagegeschäfte zu Sätzen deutlich unterhalb der Standardkonditionen von Geschäftsbanken und Sparkassen an:

Niedrigere Gebühren – fragen Sie bei diesen Geldinstituten		
Geldinstitut	Firmensitz	Telefon
Advance Bank	München	0 18 03 / 33 00 33
Bank 24	Bonn	0 18 03 / 24 00 00
Comdirect Bank	Quickborn	0 18 03 / 33 64 44
ConSors Discount Broker	Nürnberg	01 30 / 84 09 40
Direkt Anlage Bank	München	0 18 02 / 25 45 00
Dresdner Order Discount	Frankfurt/Main	01 30 / 83 77 77

Weil für die Gesamtkosten einer Order allerdings manchmal Mindestsatz und Provision zu berücksichtigen sind, eine Postengebühr zusätzlich zur Provision auf den Kurswert berechnet wird bzw. Gebühren auch davon abhängen, ob die Orders über eine Computer-Hotline oder per Telefon erteilt werden, haben wir zum besseren Vergleich ein Praxisbeispiel durchgerechnet. Außerdem ist zu berücksichtigen, dass eine Bank mit der niedrigsten Grundgebühr nicht automatisch auch die niedrigste Provision bei einer Abrechnung nach dem Kurswert verlangt.

Wegen der sich noch verschärfenden Konkurrenz sollte jeder Anleger die Gebührenstruktur seines Instituts immer mal wieder mit den Kosten bei anderen Geldhäusern vergleichen. Eine kostengünstige Entscheidung von heute kann morgen durch neue Konditionen bereits überholt sein. Deshalb ist es kaum möglich, eine über den Zeitraum von vier Wochen hinausgehende Empfehlung für die günstigste Bank auszusprechen. Wie sehr sich ein ständiger Vergleich für Sie lohnen kann, zeigt die folgende Gebührenstaffel.

Gebühren bei An- oder Verkauf von Wertpapieren		
Leistung	höchste	niedrigste
Mindestgebühr Inlandsgeschäft	60 DM	5 DM
Mindestgebühr Auslandsgeschäft	100 DM	5 DM
Provision vom Kurswert	1 %	0,05 %
Praxisbeispiel: Order für 10.000 DM (Inland)	**100 DM**	**31,13 DM**

Auch für die Aufbewahrung von Wertpapieren auf dem Depotkonto fallen stark unterschiedliche Gebühren an. Einige Institute verzichten ganz auf eine Mindestgebühr pro Jahr, berechnen stattdessen eine Mindestgebühr pro Posten oder einen Prozentsatz vom Kurswert.

Entscheidend für die tatsächliche Gebührenbelastung ist die genaue Zusammensetzung des Depots.

Nicht nur die Zahl der Posten ist zu berücksichtigen, sondern auch deren genaue Verwahrzeit auf dem Depot – denn manche Institute rechnen mit einer monatlichen Postengebühr. Gelegentlich wird aber auch ganz auf die Gebühr verzichtet, wenn z. B. Aktien der jeweiligen Bank auf einem Depotkonto desselben Instituts gelagert werden. Den Idealfall für Anleger, dass ein Institut auf alle drei Gebühren verzichtet, gibt es leider nicht. Wir haben deshalb mit einem Mini-Musterdepot versucht, auch hier für ein bisschen Durchblick zu sorgen – achten Sie vor allem auf den Preis unseres Praxisbeispiels.

Gebühren für die Aufbewahrung von Wertpapieren		
Leistung	höchste	niedrigste
Mindestgebühr pro Jahr	50 DM	keine
Mindestgebühr pro Posten	10 DM	keine
Gebühr abhängig vom Kurswert	0,15 %	keine
Praxisbeispiel: 2 Posten à 5.000 DM/12 Monate	**50 DM**	**6 DM**

WIE AKTIONÄRE NOCH ZUR KASSE GEBETEN WERDEN

Für die Banken wird das Geschäft mit Aktien nicht erst dann interessant, wenn der Anleger seine Orders abgibt oder die Werte auf seinem Depotkonto aufbewahren lässt. Schon viel früher klingelt es bei den Geldhäusern in der Kasse. Dann nämlich, wenn ein Unternehmen sich entschließt, Aktien an den Börsen handeln zu lassen. An der Börseneinführung der Deutschen Telekom im Herbst 1996 beispielsweise haben die beteiligten Banken – deutsche und internationale – nach Schätzungen rund 300 Millionen DM verdient. Geld, das zwar aus den Kassen der Telekom und nicht von den neuen Aktionären direkt kam – letztlich aber ist an jeder Mark, die ein Unternehmen ausgibt, auch der Aktionär als Teilhaber dabei, und sei es nur, dass dieses Geld nicht als Gewinn unter den Aktionären verteilt werden kann.

Die schäbige Behandlung des Aktionärs in Deutschland

In der Reihenfolge der Banken, der börsennotierten Unternehmen und ihres Managements, der Börsen- oder Unternehmensinsider steht der Aktionär erst ganz am Ende in einer langen Reihe von Beteiligten. Als Letzter darf er beim Verteilen des Geldkuchens die Hand aufhalten und muss nehmen, was übrig bleibt – wenn etwas übrig bleibt.

Als Hauptgrund dafür, dass die Aktienkultur in Deutschland wenig entwickelt ist und sich nur ein kleiner Teil der Privathaushalte an der Börse engagiert, wird oft die schäbige Behandlung der Teilhaber angesehen. Denn immer müssen sie sich mit dem begnügen, was man ihnen letztlich als Dividende zuteilt – nachdem andere sich oft schon die Taschen prall gefüllt haben.

Zurückhaltende Dividendenpolitik der Unternehmen

Dieses Procedere beginnt bereits mit der Dividendenpolitik der Unternehmen. Zwar ist oft von Shareholder-value die Rede, die Aktionäre sollen maßgeblich und besser als früher an den Gewinnen beteiligt werden – aber ein Blick auf die Ausschüttungen der Unternehmen lässt das nicht unbedingt erkennen. So war z. B. auch das konjunkturell schwache Jahr 1995 für die meisten börsennotierten Unternehmen geschäftlich überaus erfolgreich. Die 20 um-

Trotz hoher Gewinne verringern manche Firmen die Ausschüttung. satzstärksten Titel an den deutschen Börsen konnten nach den Richtlinien der Deutschen Vereinigung für Finanzanalyse und Anlageberatung e.V. ihre Ergebnisse deutlich verbessern. Insgesamt stiegen nach einer vom *Handelsblatt* veröffentlichten Untersuchung die Gewinne um rund 30 Prozent. Absolut ergab das einen Gewinn in Höhe von rund 18 Milliarden DM. Ausgeschüttet an die Aktionäre in Form von Dividenden wurden davon rund sieben Milliarden DM. So weit klingt das alles erfreulich. Aber: Im Jahr zuvor wurden bei einem absoluten Gewinn von »nur« 13,9 Milliarden etwa 6,4 Milliarden ausgeschüttet. Trotz gestiegener absoluter Zahlen hatte sich die Ausschüttungsquote (in Prozent) also dramatisch verringert: von 46 Prozent (in 1994) auf 39 Prozent.

Ausschüttung an die Anteilseigner

Auch hervorragende Unternehmensergebnisse bedeuten noch lange nicht, dass die Aktionäre verwöhnt werden. Nur in Ausnahmefällen kann damit gerechnet werden, dass mehr als 50 Prozent des Gewinns an die Anteilseigner ausgeschüttet werden.

Rücklagen und Umstrukturierungsmaßnahmen

Nun ist es zwar unmöglich, den gesamten Gewinn eines Unternehmens in Form von Dividendenzahlungen auszuschütten. Jedes vernünftig geführte Unternehmen benötigt Rücklagen. Und wenn ein Konzern vor tief greifenden Umstrukturierungsmaßnahmen steht, sind hohe Einstellungen in die Rücklagen verständlich und erforderlich. Gar kein Verständnis aber muss der Betrachter haben, wenn gut verdienende Konzerne gerade nach einer Phase der Umstrukturierung vorrangig die Rücklagen (und das Management) bedienen, ehe an die Aktionäre gedacht wird.

WAS DEN AKTIONÄR AUFSICHTSRÄTE UND VORSTÄNDE KOSTEN

Vollends unverständlich muss für die kleinen Aktionäre sein, welche Auswüchse die Klüngeleien innerhalb von Aufsichtsräten und Vorständen sowie zwischen den Aufsichtsräten verschiedener Unternehmen zeigen. Unfähige Manager aus den Vorständen oder Kontrolleure aus den Aufsichtsräten werden nicht in die Wüste geschickt, sondern bleiben in Amt und Würden. In den von Banken und Versicherungen kontrollierten Aufsichtsräten kontrolliert letztlich immer ein Freund den anderen. Ob beim Zusammenbruch der Metallgesellschaft, beim Desaster um Südmilch/Sachsenmilch, bei den katastrophalen Vorgängen um verschleierte Verluste bei KHD (Klöckner-Humboldt-Deutz) – immer muss der Kleinaktionär wehrlos die Zeche zahlen, während Manager und Kontrolleure nicht mal für offenkundige Fehlentscheidungen haftbar zu machen sind.

Manche Unternehmen loben schlechte Manager zu einer anderen Firma weg.

In diesen Fällen mussten die Manager nicht haften – der Aktionär zahlte die Zeche

Fall 1 Erst 1996 verlängerte der Karstadt-Aufsichtsrat einstimmig den Vertrag von Vorstandschef Walter Deuss bis zum Jahr 2001. Im März 1997, noch kein Jahr später, stand der Rauswurf eben dieses Managers auf der Tagesordnung des Aufsichtsrats. Die unternehmerischen Schwierigkeiten bei der Integration der Hertie-Gruppe in den Karstadt-Konzern aber waren lange vorher bekannt. Fragt sich, warum dann nicht auch lange vorher gehandelt wurde …

Fall 2 Keine Dividende für das Jahr 1995 bei Daimler-Benz – das war die von den Aktionären zu tragende Folge der chaotischen Expansionspläne von Konzernchef Edzard Reuter. Seine Freunde im Aufsichtsrat aber hatten, als die Schieflage des Vorzeigekonzerns bekannt wurde, gerade Reuters Vertrag über dessen 65. Lebensjahr hinaus verlängert. Nach Reuters unrühmlichem Abgang wurden sogar (später eingestellte) staatsanwaltschaftliche Ermittlungen eingeleitet, weil der Verdacht auf Falschinformation der Aktionäre über längst absehbare Verluste bestand. Und wieder mal (wie bei der Metallgesellschaft) gaben vor allem die Aufsichtsräte der Deutschen Bank ein jämmerliches Bild.

Fall 3 Beim Bremer Vulkan schließlich hatten die Bankenvertreter im Aufsichtsrat noch wenige Tage vor dem Zusammenbruch des dubios verschachtelten, in ein Gewirr von politischen und Subventionsschiebereien verstrickten Konzerns einen neuen Chef engagiert. Er verließ drei Monate später den Konzern – mit Abfindungsansprüchen in Höhe von rund zehn Millionen DM.

Diese Liste ließe sich beliebig verlängern. Und das Ergebnis solcher offenkundigen Unfähigkeiten der Kontrolleure stellte selbst für die ansonsten eher als zurückhaltend geltende *Welt am Sonntag* einen insgesamt »verheerenden Gesamteindruck« dar. Verständlich erscheint es da, wenn manche Kritiker angesichts der Bankenklüngeleien und Überkreuzverflechtungen am deutschen Aktienmarkt von einer weiterhin schlechten Aktienkultur sprechen.

Der Aktienmarkt hat noch großes Verbesserungspotenzial

Gerade diese eher abschreckenden Beispiele für die Vernichtung von Aktionärseigentum zeigen allerdings auch, welche Chancen sich am Aktienmarkt insgesamt dennoch bieten. Denn trotz solcher Rückschläge bleibt unter dem Strich – insgesamt und langfristig betrachtet – eine kräftige Rendite für die Aktionäre. Trotz teilweise miserablen Managements, trotz des Versagens der Banken in wichtigen Kontrollfunktionen rechnet sich ein Engagement in Aktien. Folglich darf gehofft werden, dass bei Vermeidung ähnlicher Fehler in der Zukunft die Renditen noch weiter steigen. Und es besteht Anlass zu der berechtigten Hoffnung, dass die Banken künftig sorgsamer mit dem Geld der Aktionäre umgehen und für mehr Ordnung in den Unternehmen und Aufsichtsräten sorgen. Hierfür könnte einerseits der Druck internationaler Anleger sorgen, die sonst den deutschen Aktienmarkt meiden könnten. Andererseits ist zunehmend damit zu rechnen, dass kritische Aktionäre auch durch juristische Schritte die Selbstbedienungsmentalität der Banken und der Vorstände einschränken.

Proteste gegen die Selbstbedienungsmentalität der Banken

Erste Anzeichen hierfür sind die auch schon in Klagen mündenden Proteste gegen eine besonders ärgerliche Form der Selbstbedienungsmentalität, mit denen sich Deutsche Bank und Daimler-Benz hervorgetan haben: Führungskräfte sollen für besondere Unternehmenserfolge durch Ausgabe von Aktienoptionen belohnt werden. Gegen eine erfolgsgebundenere Entlohnung des Managements kann nun gar nichts eingewendet werden – im Gegenteil. Aber: Die ursprünglichen Pläne der Unternehmen sahen so aus, dass selbst dann eine Belohnung des Managements durch Aktienoptionen erfolgt wäre, wenn die Gewinne

Gute Manager sollten – wie auch in Amerika üblich – eine Erfolgsprämie erhalten.

der jeweiligen Unternehmen hinter der allgemeinen Börsenentwicklung zurückblieben. Sollten solche Pläne hier oder anderswo
(trotz der bei Redaktionsschluss dieses Buches schwebenden Klagen) umgesetzt werden, kann das für Aktionäre nur eines bedeuten: Meiden Sie diese Unternehmen! Eine Belohnung für erfolgrei-
che Manager ist völlig in Ordnung – aber nur dann, wenn zugleich
eine Strafe für erfolglose Manager eingeführt wird. Komischerwei-
se sind aber solche Strafen, im Gegensatz zu den Belohnungen,
noch nirgendwo schriftlich fixiert worden …

AUF EINEN BLICK: WIE MAN MIT AKTIEN GELD VERDIENEN KANN

Mit Aktien kann man jederzeit eine Menge Geld verdienen – vorausgesetzt allerdings, man hat die richtigen Titel im Depot und bezahlt nicht zu viel an Bankgebühren. Im Folgenden fassen wir die
wichtigsten Punkte aus diesem Kapitel noch einmal zusammen:

Langfristige Gewinne   Wer auf langfristige Gewinne setzt, wird
mit Aktien sicherlich seinen Schnitt machen. Um kurzfristig gut zu
fahren, braucht man – außer in absoluten Hausse-Phasen – eine
Menge Glück. Darauf sollten Sie sich als Börsenanfänger besser nicht
einlassen. Falls Sie bisher Lotto gespielt haben, sollten Sie das in Zukunft vergessen: Aktien sind unter dem Strich wesentlich lohnender.

Lohnende Aktien   Eine Faustregel, woran man lohnende Aktien
erkennen kann, gibt es leider nicht. In jedem Fall ist es jedoch sinnvoll, bisherige Kurse zu vergleichen und Renditen zu ermitteln. Das
Kurs-Gewinn-Verhältnis – kurz KGV – ist ein wesentlicher Indikator.
Ihr Bankberater kann Ihnen das KGV auf Knopfdruck am Computer verraten.

Investmentfonds   Manager von Investmentfonds verschönern
in der Werbung oft ihre Bilanzen, indem Sie astronomisch klingen-
de Wertzuwachsraten präsentieren, die allerdings den Ausgabeaufschlag beim Kauf nicht berücksichtigen. Außerdem gehen sie in
ihren Berechnungen davon aus, dass alle Erträge wieder angelegt
wurden.

Umschichten des Depots   Denken Sie daran: Wer sein Depot oft
umschichtet, ist der Liebling der Banken – denn es fallen jedes Mal
Gebühren an. Unser Tip: möglichst viel Ruhe im Depot!

WAS LÄSST WELCHE KURSE WANN STEIGEN – UND WIEDER FALLEN?

»Heute top, morgen ein Flop: An der Börse erlebst du ein ewiges Auf und Ab«, heißt es oft – das ist ein Irrtum. Zwar ist daran richtig, dass die Kurse schwanken, dass einzelne Werte manchmal innerhalb weniger Tage zweistellige Kursgewinne verzeichnen können, während es bei anderen innerhalb derselben Zeit mit zweistelligen Prozentzahlen in den Kurskeller geht. Langfristig betrachtet aber stellt sich der Verlauf der Börsenkurse eher als beständiges Auf dar – unterbrochen immer wieder von dem einen oder anderen Ab. Aber am Ende zeigt die Kurslinie immer nach oben.

Die meisten Anleger haben nicht die Geduld, lange genug abzuwarten.

Theoretisch ist es möglich, sein Geld ganz und gar ohne Verluste an der Börse einzusetzen. Man müsste nach Kursverlusten stets nur so lange warten, bis sich die Verluste durch spätere Gewinne wieder ausgeglichen haben – dazu ist es in der Vergangenheit noch immer gekommen.

Wann Sie auf keinen Fall verkaufen sollten

Angenommen, Sie haben Aktien gekauft und diese Aktien vollziehen immer exakt die Bewegungen des DAX® nach. Nun erleben Sie einen Börsencrash, der DAX® und der Kurs Ihrer Aktien brechen ein – dann wäre ein Verkauf grundverkehrt. Denn ein Blick auf die DAX®-Jahresendstände der Vergangenheit zeigt Ihnen, wie lange Sie schlimmstenfalls hätten warten müssen, um die erlittenen Verluste durch Gewinne wieder wettzumachen. Die folgenden DAX®-Werte zeigen Ihnen, wie lange nach einem Einbruch (niedrigerer

DAX®-Stände zum jeweiligen Jahresende					
Jahr	DAX®	Jahr	DAX®	Jahr	DAX®
1980	418	1986	1.602	1992	1.545
1981	431	1987	1.000	1993	2.267
1982	506	1988	1.328	1994	2.107
1983	725	1989	1.790	1995	2.254
1984	825	1990	1.398	1996	2.889
1985	1.530	1991	1.578	1997	4.250

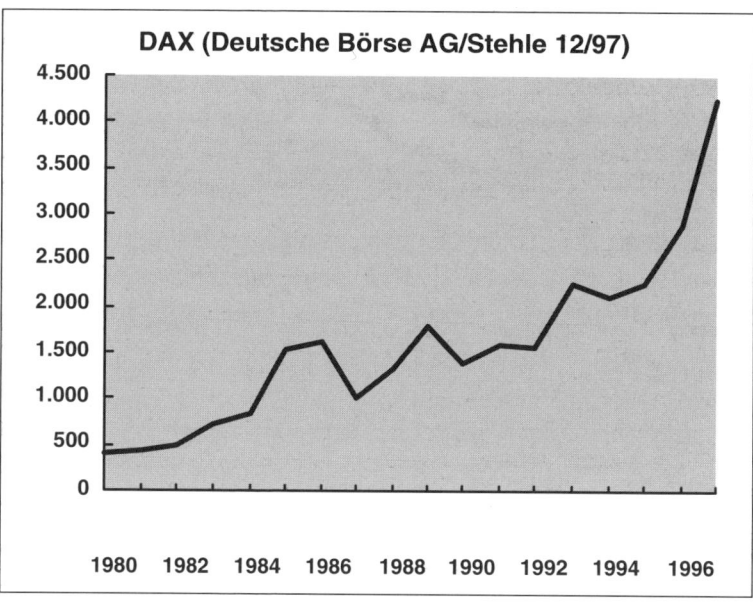

Wert als im Vorjahr) es jeweils gedauert hat, bis der alte Kurswert wieder erreicht war.

Auch ein deutlicher Kurseinbruch stellt für den Anleger noch keinen Verlust dar. Der Verlust tritt erst ein, wenn er realisiert wird, also die Aktien zu Kursen unterhalb des Kaufkurses verkauft werden – vielleicht verkauft werden müssen. Schon deshalb lautet eine unserer Grundregeln für Börsenneulinge:

Investieren Sie nur solches Geld in Aktien, auf das Sie langfristig nicht, auf gar keinen Fall aber zu einem bestimmten Zeitpunkt angewiesen sind.

JEDER KURSEINBRUCH IST EINE NEUE CHANCE

Eine der Standardstrategien bei der Aktienanlage heißt »verbilligen«: Nach einem deutlichen Kurseinbruch an der Börse insgesamt werden Papiere der bisher schon bevorzugten Unternehmen hinzugekauft. An einem Beispiel (ohne Berücksichtigung von Gebühren) lassen sich die verschiedenen Möglichkeiten leicht darstellen: Sie haben 20.000 DM in 50 Aktien der Geldgeier AG zu einem

Kurs von je 400 DM investiert. Unmittelbar darauf trifft ein Börsencrash auch dieses Unternehmen – der Kurs halbiert sich. Jetzt ist jede Aktie nur noch 200 DM wert. Was können Sie jetzt tun? Bei einem Crash haben Sie genau drei Möglichkeiten:

Möglichkeit 1 Sie sind nervös oder benötigen das Geld und verkaufen. Ihr Aktienpaket brächte nur noch 10.000 DM. Sie hätten einen Verlust von 10.000 DM realisiert.

Möglichkeit 2 Sie sind ein Stillhalter, setzen auf ein insgesamt wieder besseres Börsenklima und warten ab, behalten Ihre Papiere. Jetzt müssen Sie so lange warten, bis die Kurse sich wieder bis auf 400 DM erholt haben. Das kann dauern …

Möglichkeit 3 Sie sind ein Aktivist, setzen ebenfalls auf ein besseres Börsenklima und verbilligen. Deshalb kaufen Sie nun für weitere 5.000 DM nochmals 25 Aktien (Stückpreis 200 DM) der Geldgeier AG. Nun besitzen Sie insgesamt 75 Aktien, für die Sie insgesamt 25.000 DM eingesetzt haben. Pro Aktie haben Sie also 333,33 DM aufgewendet. Sie müssen deshalb nicht mehr warten, bis der Kurswert wieder bei 400 DM liegt, um ohne Gewinne aussteigen zu können. Im Gegenteil: Steigt der Kurs tatsächlich wieder auf 400 DM, erhalten Sie beim Verkauf Ihrer 75 Aktien sogar 30.000 DM, machen also einen Gewinn von 5.000 DM.

Börsencrash oder Kurscrash eines einzelnen Wertes?

Langfristig betrachtet, hat sich die Strategie des Aktivisten bislang immer ausgezahlt – vorausgesetzt, es handelte sich um eine allgemeine Crashsituation oder Schwächephase an der Börse, die jedes einzelne Papier mitriss. Bricht dagegen der Kurs eines einzelnen Wertes losgelöst vom allgemeinen Börsentrend weg (den Ihnen ja ein Blick auf den DAX® zeigt), ist Vorsicht angesagt. Vor allem die beiden folgenden Punkte müssen geklärt werden: Liegt eine Unternehmenskrise vor, die durch falsches Management ausgelöst wurde und langfristig die Ertragskraft gefährdet? Oder handelt es sich nur um eine Schreckreaktion von Anlegern auf eine negative Nachricht, die aber zumindest mittelfristig nichts an den guten Erwartungen bezüglich der Ertragskraft ändert?

Im zweiten Fall könnte sich die aktive Strategie des Nachkaufens weiterer Papiere und des Verbilligens auszahlen. Im ersten Fall aber, also bei einer ausgemachten Unternehmensschieflage, gehört viel Mut zum Risiko dazu, weitere Papiere zu kaufen.

Die Grundfrage beim Crash: Abstoßen oder zukaufen?

Eine alte Volksregel sagt, dass man schlechtem Geld nicht noch gutes hinterherwerfen, also lieber ein Ende mit Schrecken herbeiführen als einen Schrecken ohne Ende riskieren sollte. Das kann bei einem sich anbahnenden Zusammenbruch eines Aktienunternehmens der richtige Weg sein. Aktuelles Beispiel aus dem Frühjahr 1997: Nach dem Konkurs des Bremer Vulkan (Werft) dümpelte dessen Aktie zeitweise mit einem Wert von 2,70 DM herum. Wenige Wochen später schnellte der Kurs nach Gerüchten über Rettungsversuche für das Unternehmen auf 9,40 DM hoch. Der Spekulant konnte sein Kapital innerhalb von Rekordzeit verdreifachen. Die Rettung missglückte, danach fiel der Kurs wieder bis auf 5,10 DM – eine erneute Chance für ganz mutige Spekulanten. Denn unmittelbar danach tauchten Gerüchte über einen Käufer für das marode Unternehmen auf. Der Kurs stieg innerhalb von zwei Tagen auf 7,10 DM – eher er dann zunächst mal dauerhaft in den Keller fiel.

> **Nervenstarke Spekulanten schlagen oft gerade aus schwierigen Situationen das meiste Kapital.**

Experten-Tip

Die Regel, dass man schlechtem (verlorenem) Geld nicht noch gutes hinterherwerfen soll, gilt für vorsichtige Kaufleute – und so sollte sich ein Aktieneinsteiger mit Normaleinkommen verhalten. Das Pokerspiel mit Werten eines zusammengebrochenen oder zusammenbrechenden Unternehmens ist heißeste Spekulation – totales Verlustrisiko inklusive.

WODURCH KOMMEN BÖRSENKURSE ÜBERHAUPT IN BEWEGUNG?

Wann ein Börsenkurs bis wohin steigt, wann er fällt, das können auch die bestbezahlten Experten nie mit Sicherheit vorhersagen. Alle Prognosen liegen häufiger daneben als im Ziel. Denn es ist zwar bekannt, welche Faktoren sich normalerweise auf Kurse auswirken. Aber ob sie es in der konkreten Situation wirklich tun – und wenn ja, in welcher Intensität –, das lässt sich vorher kaum abschätzen. Über den Aktienkurs entscheiden viele verschiedene Faktoren.

Die Ertragslage und andere Faktoren

Da ist zunächst die aktuelle Ertragslage der Gesellschaft. Wer heute schon im Gespür hat, dass ein bestimmtes Unternehmen morgen einen Großauftrag an Land ziehen kann, z. B. weil es mit einem neuen Produkt konkurrenzlos ist, darf sicher mit steigenden Aktienkursen rechnen. Auf die Ertragslage wiederum haben mehrere Faktoren Einfluss, beispielsweise Auseinandersetzungen zwischen Tarifpartnern, die zu einer verbesserten oder schlechteren Kostensituation bei den jeweils betroffenen Unternehmen führen können.

> **Die Ertragslage wird bestimmt durch die jeweilige Auftragslage.**

Nicht mehr nur auf einzelne Branchen, sondern auf den gesamten Aktienmarkt wirken sich internationale Streitigkeiten (wie z. B. der Golfkrieg) aus, denn je nach Gegenstand der Auseinandersetzungen und den Beteiligten können solche Auseinandersetzungen zu Rohstoffknappheit führen. Die Folge wären veränderte Ertragssituationen für eine Vielzahl von Branchen.

Politische Entscheidungen und geldpolitische Maßnahmen

Auf den Gesamtmarkt wirken sich auch politische Entscheidungen aus, die z. B. neue Steuerbelastungen für Unternehmen vorsehen; ein weiterer wichtiger Faktor ist das Konsumklima in der Bevölkerung, von dem viele Unternehmen (z. B. Kaufhäuser, Fahrzeug-, Möbelhersteller usw.) abhängig sind. Oft werden bei schlechtem Konsumklima geldpolitische Maßnahmen ergriffen – dies bringt dann meist Veränderungen bei den Geldmarktkonditionen, also sinkende Zinsen zur Konsumbelebung oder steigende Zinsen zur Inflationseindämmung.

Auf einen Blick:
Das entscheidet über den Aktienkurs eines Unternehmens

- Die aktuelle Ertragslage der Firma
- Auseinandersetzungen zwischen den Tarifpartnern
- Internationale Streitigkeiten
- Politische Entscheidungen
- Das Konsumklima in der Bevölkerung
- Veränderungen bei den Geldmarktkonditionen

Alle diese Faktoren können also die Aktienkurse beeinflussen – aber warum steigt oder fällt ein einzelner Wert überhaupt, und wie lange steigt oder fällt er? Der Grund ist klar: Es gibt an der Börse praktisch nie ein ausgeglichenes Verhältnis zwischen dem Angebot an Aktien und der Nachfrage. Der Kurs einer Aktie steigt deshalb so lange an, bis bei den bisherigen Aktienbesitzern eine Abgabebereitschaft einsetzt.

Ein altes Börsensprichwort lautet: »The trend is your friend.«

Anders gesagt: Sie wollen Kasse machen und verkaufen. Gleichzeitig löst diese Kurssteigerung aber eventuell weitere Nachfrage aus – ein Trend ist geboren.

Die Hausse nährt die Hausse, die Baisse die Baisse

Andere Kaufwillige setzen auf diesen Trend, wollen ebenfalls kaufen, heizen diese Spirale weiter an. Und ebenso entstehen Börsenkurse in entgegengesetzter Richtung, also nach unten: Anleger wollen – aus welchen Gründen auch immer – verkaufen, der Kurs sinkt so lange, bis sich ein Käufer findet. Für den aufmerksamen Börsenbeobachter und Anleger sind deshalb Angaben zur Angebots- und Nachfragesituation wie »Geld« bzw. »bezahlt Geld« oder »Brief« bzw. »bezahlt Brief« wichtige Hinweise zur jeweiligen Nachfragesituation.

Woraus Börsianer noch auf Kursveränderungen schließen

Manchmal ist es einfach nur ein Spaß, wenn Börsianer die steigenden oder fallenden Kurse ins Verhältnis zu Ereignissen oder Beobachtungen stellen, die gar nichts mit der Wirtschaft zu tun haben. Aus der Rocklänge z. B. wollen manche Aktienhändler ablesen können, ob der Kurstrend nach oben oder unten geht – nur ist bisher umstritten, ob lange oder kurze Röcke besser für die Aktionäre sind. Das Fachmagazin *Finanzen* hat noch einige weitere ähnliche kuriose Indikatoren zusammengestellt:

Der Neujahrs-Indikator Er folgt der Regel, dass sich die Kurse das ganze Jahr über in dieselbe Richtung bewegen wie der Trend im Januar. Das klingt weit hergeholt – in 44 Jahren traf diese Prognose aber immerhin 34-mal zu. Das ist für Börsianer schon eine ziemlich gute Trefferquote.

Der Jahreszeiten-Indikator   Er folgt der Regel, dass immer dieselben Werte sich immer zur gleichen Jahreszeit auf- oder abbewegen. Das ist einsehbar, wenn Kaufhausaktien vor Weihnachten, Automobilaktien im Frühjahr oder Papiere von Touristikunternehmen vor der Hauptsaison in einen Aufwärtstrend kommen.

> Diese Indikatoren sind – so seltsam es klingt – durchaus ernst zu nehmen.

Der Football-Indikator   Er folgt der Regel, dass sich der Börsentrend für das kommende Jahr immer aus dem Ergebnis der US-Footballmeisterschaften ablesen lässt. Ein amerikanischer Börsenmakler, der diese Theorie aufgestellt hatte, konnte bei einer Beobachtung der Footballergebnisse über 28 Jahre 26 Treffer landen – auch das ist eine hervorragende Quote.

Worauf Sie als Anleger Ihre Strategien bauen können

Obwohl vieles von dem, woraus Börsianer auf steigende oder fallende Kurse schließen wollen, eher an Hokuspokus erinnert, gibt es einige Gesetzmäßigkeiten, die sich bisher tatsächlich immer bewahrheitet haben und die auch vom privaten Kleinanleger beachtet werden sollten.

Gewinner, Verlierer und Börsenumsatz: die Marktlage kritisch beobachten

Neben den Kursübersichten in den Wirtschaftsteilen der Tageszeitungen finden Sie eine Vielzahl weiterer Informationen, unter anderem über das Verhältnis von Gewinnern zu Verlierern. Das mag auf den ersten Blick ein wenig nach der Statistik eines Erbsenzählers aussehen – tatsächlich kann aber dieses Verhältnis als Indikator für die künftige Entwicklung herangezogen werden. Denn es gibt Auskunft darüber, wie viele Aktien höher und wie viele niedriger als am vorherigen Börsentag bewertet wurden. Dabei werden alle Aktien berücksichtigt – im Gegensatz zum DAX®, für den ja nur die 30 wichtigsten Werte herangezogen werden.
Seien Sie dann besonders aufmerksam, wenn das Verhältnis von Verlierern zu Gewinnern womöglich einen ganz anderen Trend anzeigt als der DAX®.

Ist beispielsweise die Zahl der Verlierer deutlich höher als die der Gewinner, obwohl der DAX® einen höheren Wert als am Vortag eingenommen hat, kann dies ein erstes Anzeichen für einen drohenden Kurseinbruch auf breiter Front sein. Möglicherweise war die Börsenstimmung bei den DAX®-Werten noch gut, auf breiter Front aber macht sich eine negative Stimmung bemerkbar.

Umgekehrt kann aber auch der Fall eintreten, dass der DAX® keinen klaren Trend erkennen lässt, während die Zahl der Gewinner bereits deutlich höher ist als die Zahl der Verlierer. In diesem Fall herrscht an der Börse eine von Optimismus getragene Stimmung, die sich zwar noch nicht in den DAX®-Werten widerspiegelt, die aber erstes Anzeichen für einen Kursanstieg auf breiter Front sein kann.

Was Statistiken verraten können

Auch Börsenumsätze, die ebenfalls in vielen Wirtschaftsteilen veröffentlicht werden, spiegeln viel mehr wider als nur die reine Lust eines Redakteurs an der Statistik. Die Umsatzzahlen an den Börsen lassen erkennen, ob Trends eventuell nur ein Strohfeuer sind oder ob mehr dahintersteckt.

Der Kurstrend wird dann nur von wenigen Geschäften getragen. Andererseits aber lässt ein überdurchschnittlich hoher Umsatz darauf schließen, dass die

Ein sehr geringer Umsatz zeigt, dass die Kurse sich nur auf sehr dünnem Eis bewegen.

Kurse auf sehr breiter Basis stehen. In diesem Fall werden die Börsenstimmung und der Trend also von sehr vielen Anlegern gestützt.

Technische Reaktionen: mit plötzlichen Ausschlägen rechnen

Als technische Reaktionen bezeichnet man alle Kursveränderungen, die mit einem gewissen Automatismus einsetzen. So ist es beispielsweise typisch, dass nach sehr starkem und schnellem Kursanstieg ein kurzer, manchmal auch heftiger Einbruch zu verzeichnen ist: Aktien werden verkauft, um Gewinnmitnahmen zu erzielen. Anleger lassen sich sozusagen die Kurssteigerungen der letzten Zeit auszahlen. Der oft folgende schnelle Wiederanstieg zeigt dann, dass die Verkäufer grundsätzlich noch Vertrauen in weitere Kursgewinne haben und zu den zwischenzeitlich gefallenen Kursen neu einsteigen.

Es ist ein deutliches Kaufsignal, wenn der Kurs nach steilem Anstieg und kurzem Knick nach unten erneut zu klettern beginnt.

Rechnen müssen Sie außerdem mit technischen Reaktionen auf jede Dividendenausschüttung; deshalb sollten Sie sich auch dann die Termine der Hauptversammlungen notieren, wenn Sie dort gar nicht hingehen wollen.

Wie sich Dividendenzahlungen auf den Kurswert auswirken

Die Dividende wird immer am Tag nach der Hauptversammlung gezahlt, dann setzen auch die technischen Reaktionen auf die Zahlung ein. Denn noch am Zahltag wird die Dividende vom Kurswert der Aktie abgezogen. Darauf weist der Zusatz »ex Div« bei den Kursnotizen in der Zeitung hin. Nun wird ein großer Teil des Kursabschlags normalerweise sofort dadurch ausgeglichen, dass viele Aktionäre die Dividende erneut in Aktien desselben Unternehmens anlegen. Es kommt deshalb bei besonders gefragten Papieren häufig vor, dass durch die Nachfrage der in Lauerstellung liegenden Neuanleger und die Wiederanlage der Dividenden am Zahltag ein heftiger Kursanstieg zu beobachten ist. Dafür gibt es aber natürlich keine Garantie.

> Viele Anleger lauern auf den von ihnen nach unten erhofften Kurssprung am Tag der Dividendenzahlung.

Vorsicht vor Panikverkäufen!

Rechnen müssen Sie vielmehr auch damit, dass besonders bei kleinen Aktiengesellschaften mit hoher Dividendenrendite Anleger nur auf den Zahltag warten, um sich dann sofort von ihren Papieren zu trennen. Infolgedessen kann es zu sehr hohen Kursabschlägen kommen, die noch deutlich über den Abschlag der Dividende hinausgehen. In einer solchen Situation sollte man sich durch die technische Reaktion nicht zu Panikverkäufen verleiten lassen, sondern eventuell die Chance für einen Nachkauf und zu einer Verbilligung des Engagements nutzen. In jedem Fall gilt hier: Nerven bewahren!

Voraussetzung für das richtige Verhalten auf technische Reaktionen ist, dass Sie sich parallel zur Beobachtung der Kurse ständig über den Geschäftsverlauf beim jeweiligen Unternehmen informieren. Denn wie schon beschrieben, wäre es fatal, Aktien nachzukaufen, wenn die Gesamtaussichten für die wirtschaftliche Situation des jeweiligen Unternehmens schon durch dunkle Verlustwolken getrübt werden.

Computergestützte Börsenprogramme

Ebenso typische technische Reaktionen werden ausgelöst durch computergestützte Börsenprogramme, von deren Analysen manche Großanleger Kauf oder Verkauf abhängig machen. Entscheidend hierfür ist eine Vielzahl von Parametern, die sich aus der zurückliegenden Kursentwicklung ergeben. Dazu gehört beispielsweise das Durchbrechen einer unteren Widerstandslinie bei den Kursen (siehe Seite 116).

Konjunkturelle Einflüsse: immer vorausschauend handeln

Ein ganz besonderes Augenmerk richten alle Börsianer auch auf Frühindikatoren, zu denen vor allem die Entwicklung der Auftragseingänge im verarbeitenden Gewerbe, in der Investitionsgüterindustrie (z. B. Maschinen- und Anlagenbau), in der Verbrauchsgüterindustrie und im Bauhauptgewerbe gehören. Entsprechende Zahlen werden monatlich vom Statistischen Bundesamt ermittelt und von fast allen Wirtschaftsredaktionen veröffentlicht.

Inlands- und Auslandsnachfrage beachten

Grundsätzlich kann man zwischen Inlands- und Auslandsnachfrage unterscheiden. Unter schwacher Inlandsnachfrage (z. B. durch hohe Arbeitslosigkeit, niedrige Reallohnsteigerungen) leiden in der Regel Konsumwerte (Kaufhausaktien), unter schwacher Auslandsnachfrage (z. B. wegen ungünstiger Wechselkurse) leiden die traditionellen Exportbranchen (z. B. Maschinenbau, Chemie).

Der Auftragseingang von heute bestimmt bei den Unternehmen Produktion, Auslastung und die Ertragslage von morgen.

Wer sich nun selbst bei seinen Anlagen nach der Konjunktur richten will, muss dabei allerdings immer auf die Zeitverzögerung der Konjunkturentwicklung achten. Am günstigsten laufen Aktien erfahrungsgemäß immer dann, wenn die konjunkturelle Stimmung am schlechtesten ist.

Um diese Stimmung zu erkennen, sollten nicht nur Zahlen zu den Auftragseingängen beachtet werden, sondern auch die Konjunkturumfragen unter Führungskräften, die in regelmäßigen Abständen von zahlreichen Wirtschaftsredaktionen veröffentlicht werden.

Experten-Tip

Rechnen Sie immer damit, dass die Aktienkurse jede konjunkturelle Veränderung bereits vorwegnehmen. Es wäre also falsch, dann Aktien zu kaufen, wenn alle Unternehmen in einer Phase der Hochkonjunktur mit hervorragenden Ergebnissen glänzen und die Wirtschaft boomt. Dann kann es zwar sein, dass Sie auf einen noch fahrenden Zug aufspringen – sein Ziel könnte aber schon das Abstellgleis sein, mit der Folge eines baldigen Kurseinbruches.

Der Dollarkurs: auf Abhängigkeiten achten

Weil die deutsche Wirtschaft insgesamt stark exportorientiert ist, geht einer der stärksten Einflüsse auf das Börsenklima von den Wechselkursen der Währungen aus. Als Weltleitwährung spielt dabei der Dollar die entscheidende Rolle, zumal Wechselkursschwankungen zu anderen wichtigen Währungen durch den Verbund im Europäischen Währungssystem (EWS) nur innerhalb abgesteckter Grenzen erfolgen können.

Ein starker Dollar verbilligt deutsche Produkte im Ausland
Eine Grundregel ist, dass ein hoher Dollarkurs gegenüber der DM die deutschen Produkte im Ausland verbilligt. Das heißt: Der Kunde in den USA oder sonstwo auf der Welt muss weniger Dollar ausgeben, um in Deutschland dieselben Waren wie bisher zu denselben Angebotspreisen (auf Basis der Deutschen Mark) auszugeben. Nach verschiedenen Analysen, unter anderem von der WestLB Capital Management GmbH (einer Tochter der Westdeutschen Landesbank), folgen verschiedene Branchen mit ihren Aktienkursen fast jedem Steigen oder Sinken des Dollarkurses. Das birgt zwar einerseits Chancen, andererseits aber auch erhebliche Risiken für die Aktienkurse.
Ein starkes Risiko durch Dollarkursveränderungen besteht nach diesen Untersuchungsergebnissen für folgende Branchen:
- Automobil
- Maschinenbau
- Chemie
- Stahl
- Bauwerte

Ein mittleres Risiko durch Dollarkursveränderungen besteht für folgende Branchen:
- Bauzulieferer
- Konsumwerte
- Elektrobranchen
- Brauereien

Ein sehr geringes Risiko bergen Kursveränderungen für folgende Branchen:
- Versicherungen
- Banken
- Versorgungswerte

In den nachfolgenden Übersichten haben wir einzelne Aktien zusammengestellt, die in der Vergangenheit eine besonders starke bzw. fast gar keine Abhängigkeit vom Dollarkurs gezeigt haben. Je nach Zeitpunkt des Aktienkaufs und der zu erwartenden Währungsveränderungen kann sich ein Anleger daran orientieren.

Diese Aktien reagieren besonders stark auf Dollarschwankungen	
• ABB	• IWKA
• BASF	• Linotype-Hell
• Bayer	• Lufthansa
• Bilfinger & Berger	• MAN
• Daimler	• Mannesmann
• Degussa	• Metallgesellschaft
• Dyckerhoff VA	• Preussag
• Gerresheimer Glas	• PWA
• Hochtief	• Stragab
• Hoechst	• Thyssen
• Holzmann	• Volkswagen
• IVG Holding	

Diese Aktien reagieren kaum auf den Dollarkurs	
• Allianz	• Kaufhof
• Deutsche Bank	• RWE
• Douglas	• Siemens
• Harpener	• Veba
• Henkel	• Vereinsbank
• Hypo-Bank	• VEW
• Karstadt	

Der Kapitalmarkt: Veränderungen bei den Zinsen beobachten

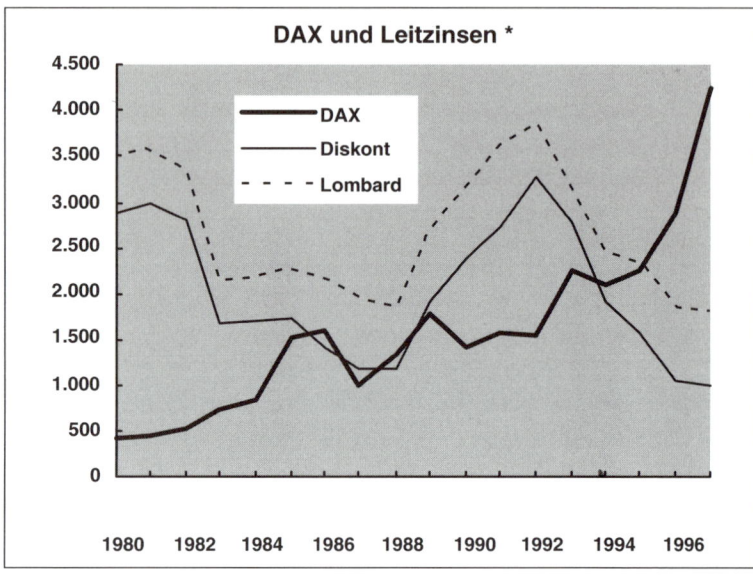

DAX und Leitzinsen *

— DAX
— Diskont
- - - Lombard

* Der Index entlang der Y-Achse gilt lediglich für den DAX®. Die Graphen der Leitzinsen sollen ihr Profil im Vergleich zum DAX® verdeutlichen und verlaufen ohne Verbindung zur Y-Achse.

Die Leitzinsen der Deutschen Bundesbank sind das wichtigste finanzpolitische Instrument, um Wirtschaft und Konjunktur zu steuern. Zwei Begriffe sind in diesem Zusammenhang besonders wichtig:

Diskontsatz Der Zins, den die Geldinstitute zahlen müssen (in Form eines Abschlags), wenn sie an die Bundesbank Geld verkaufen wollen – was in Form von Wechseln geschieht. Dies ist für Banken die wichtigste Form der Refinanzierung. Will die Bundesbank für eine verstärkte Kreditnachfrage durch die Wirtschaft und private Konsumenten sorgen oder die Kreditnachfrage dämpfen, senkt oder erhöht sie den Diskontsatz. Weil in der Wirtschaft oft Kreditkonditionen an den Diskontsatz gekoppelt werden, schlagen Zinsveränderungen sofort auf die Kreditkosten durch.

Mit meist nur geringer Verzögerung passen sich auch die Einlagezinsen den veränderten Kreditkonditionen an.

Die Entwicklung von DAX und Leitzinsen
DAX als Jahresendstand, Zinsen (jeweiliger Jahresdurchschnitt)

Jahr	DAX	Diskontsatz	Lombardsatz
1980	418	7,17	8,78
1981	431	7,50	9,00
1982	506	7,06	8,38
1983	725	4,21	5,36
1984	825	4,25	5,50
1985	1.530	4,31	5,77
1986	1.602	3,59	5,50
1987	1.000	2,99	4,95
1988	1.328	2,92	4,73
1989	1.790	4,81	6,81
1990	1.398	6,00	8,08
1991	1.578	6,85	9,07
1992	1.545	8,20	9,68
1993	2.267	6,96	8,12
1994	2.107	4,82	6,25
1995	2.254	3,92	5,80
1996	2.889	2,65	4,65
1997	4.250	2,5	4,5

Lombardsatz Er bestimmt, zu welchen Konditionen sich Geldinstitute bei der Bundesbank kurzfristig (maximal für drei Monate) Geld leihen können. Für die Geldinstitute stellt der Lombardkredit, der normalerweise um etwa einen Prozentpunkt über dem Diskontsatz liegt (in Ausnahmen bis zwei Prozent) die teuerste Möglichkeit dar, sich Geld zu besorgen. Oft werden Lombardkredite deshalb nur tageweise in Anspruch genommen. Zur Durchsetzung finanzpolitischer Ziele hat die Bundesbank die Vergabe von Lombardkrediten teilweise auch schon eingestellt oder durch den so genannten »Sonderlombard« mit wesentlich höheren Zinsen ersetzt. Für Aktionäre ist die Geldmarktpolitik der Bundesbank deshalb wichtig, weil Aktien immer in einem direkten Konkurrenzverhältnis zu festverzinslichen Wertpapieren stehen. Und deren Rendite richtet sich nach dem Zinsniveau am Geldmarkt.

Wenn am Kapitalmarkt für festverzinsliche Wertpapiere hohe Zinsen gezahlt werden, die eine sichere Rendite mit geringem oder ohne Risiko versprechen, engagieren sich Anleger kaum an der Börse, wo jedes Geschäft dann erhebliche größere Risiken birgt. In gewisser Weise beeinflusst dadurch die Zinspolitik deshalb indirekt auch das Geschehen an der Börse.

Folgende Zusammenhänge müssen Aktionäre beachten			
Leitzinsen	Rendite festverzins- licher Wertpapiere	Aktientrend	Konjunktur
niedrig	niedrig	↗	schwach
hoch	hoch	↘	stark

Für den Anleger ist es wichtig, die jeweiligen Zinstrends zu erkennen. Hier ergibt sich wiederum ein Zusammenhang mit der konjunkturellen Lage: In Zeiten schwacher Konjunktur und niedriger Preissteigerung werden die Leitzinsen niedrig gehalten, um die Investitionsneigung zu verstärken und für mehr Nachfrage zu sorgen. In Zeiten starker Konjunktur und hoher Preissteigerung (inflationäre Tendenz) indes werden die Leitzinsen als Inflationsbremse erhöht, um eine Überhitzung der Konjunktur zu vermeiden.

Berücksichtigen Sie aber auch hier wieder, dass nie die derzeitige Konjunktur allein zu betrachten ist, sondern die künftige Entwicklung – erinnern Sie sich an unsere Feststellung, dass der Aktienmarkt konjunkturelle Entwicklung immer zum Teil vorwegnimmt.

Strategien, um mit Aktien an Zinsveränderungen zu verdienen

Welche Möglichkeiten sich bieten, wenn Zinstrends als Signale zum Ein- oder Ausstieg am Aktienmarkt genutzt werden, hat die Bayerische Vereinsbank für einen Zeitraum von über 25 Jahren (bis 1995) durchgerechnet. Fazit: Der Anleger kann mit der richtigen Strategie glänzend verdienen.

Die Kernaussage der Untersuchung bestätigt unsere bereits oben getroffene Feststellung: Die Zinsentwicklung schlägt immer mit einer gewissen Zeitverzögerung auf die Lage am Aktienmarkt durch. Aus dem Betrachtungszeitraum der Analyse mit je sieben Hausse-

und Baisseperioden ergibt sich dies eindeutig. Wegen dieser Vielzahl gegenläufiger Aktientrends innerhalb des Betrachtungszeitraums kann außerdem davon ausgegangen werden, dass die erzielten Schlussfolgerungen unabhängig von eventuellen Besonderheiten dieses Zeitraums auf alle anderen Zeitreihen übertragbar sind.

Rentenwerte konkurrieren stets mit Aktienwerten.

Als Messlatte für die Zusammenhänge wurden der DAX® und der REX (Rentenindex) für zehnjährige öffentliche Anleihen (festverzinsliche Wertpapiere) verwendet. Die beiden ersten wichtigen Feststellungen lauten demnach:

- Bei einer Aktienhausse liegt der zeitliche Vorlauf des REX gegenüber dem DAX® im Schnitt bei 4,7 Monaten.
- Bei einer Aktienbaisse liegt der zeitliche Vorlauf des REX gegenüber dem DAX® im Schnitt bei 9,1 Monaten.

Bei fallenden Zinsen steigt der REX

Allerdings dürfen diese Zeiträume nicht als verbindlich angesehen werden – es handelt sich nicht um einen »Fahrplan«. Im Einzelfall ergaben sich nämlich auch deutliche Abweichungen, die sich nicht an bestimmten Faktoren festmachen lassen. Folglich ist auch da noch eine Portion Fingerspitzengefühl erforderlich.

Für die Untersuchung wurden exakte Kauf- und Verkaufssignale erarbeitet und festgelegt. Als Signal wurde immer der Zeitpunkt herangezogen, zu dem sich der REX für zehnjährige öffentliche Anleihen seinen eigenen gleitenden Neun-Monats-Durchschnitt kreuzte (wird z. B. im Handelsblatt veröffentlicht oder kann bei jedem Geldinstitut erfragt werden).

Achtung

Nicht verwirren lassen: Fallende Zinsen haben einen steigenden REX, steigende Zinsen einen fallenden REX zur Folge.

Die richtige Strategie bei steigenden und fallenden Zinsen

Die Übersicht auf Seite 105 stellt eine Situation dar, die sich auf ein Startkapital von 10.000 DM bezieht. Fünf Strategien für Kauf und Verkauf führen unter dem Strich zu unterschiedlichen Erfolgen. Folgende Strategien wurden nachgerechnet und verfolgt:

Strategie 1 Bei der Strategie »Kauf bei fallenden Zinsen« (aus 10.000 DM wurden 95.484 DM, jährliche Rendite 8,9 Prozent) war Kaufsignal für den Aktionär der Zeitpunkt, zu dem der REX seinen Neun-Monats-Durchschnitt überschritt (steigende Rentenkurse). Das Verkaufssignal war der Zeitpunkt, zu dem der REX seinen Neun-Monats-Durchschnitt nach unten durchbrach (fallende Rentenkurse, steigende Zinsen). Der gesamte Bestand wurde dann verkauft und als Geldbetrag geparkt (Kasse, keine Verzinsung gerechnet). Dies führte dazu, dass der Anleger in weniger als der Hälfte des 27-Jahres-Zeitraums am Aktienmarkt engagiert war, ansonsten sein Geld parkte.

Strategie 2 Die Strategie »Kauf bei steigenden Zinsen« wurde eher als Kontrollstrategie denn als Empfehlung entwickelt. Denn sie läuft auf eine Geldvernichtung hinaus (aus 10.000 DM wurden 3.527,30 DM, jährliche Rendite minus 3,9 Prozent). Für diese Strategie wurde die erste Strategie »Kauf bei fallenden Zinsen« einfach umgedreht. Kaufsignal für den Aktionär war nun der Zeitpunkt, zu dem der REX seinen Neun-Monats-Durchschnitt unterschritt (sinkende Rentenkurse). Das Verkaufssignal war der Zeitpunkt, zu dem der REX seinen Neun-Monats-Durchschnitt nach oben durchbrach (steigende Rentenkurse, fallende Zinsen). Auch hier wurde dann der gesamte Bestand verkauft und als Geldbetrag geparkt (Kasse, keine Verzinsung gerechnet). Allerdings wollte die Bayerische Vereinsbank mit dieser Strategie auch durchrechnen, ob an der manchmal vertretenen Auffassung etwas dran ist, auch bei steigenden Zinsen seien noch gute Geschäfte am Aktienmarkt möglich. Argument: Positive Auswirkungen der Unternehmensgewinne in einer Zinssteigerungsphase (Indiz für gute Konjunktur) könnten den Aktienmarkt beflügeln. Doch diese These mancher Anlageberater brach völlig in sich zusammen.

Strategie 3 Die Strategie »Kauf bei fallenden Zinsen und Geldmarktanlage bei steigenden Zinsen« basiert im Wesentlichen auf den Kauf- und Verkaufssignalen der unter Punkt 1 genannten Strategie. Allerdings wird das Kapital bei Verkauf nicht geparkt, sondern sofort am Geldmarkt angelegt. Ergebnis: Aus 10.000 DM werden 214.336 DM, was einer jährlichen Rendite von 12,3 Prozent pro Jahr entspricht.

Strategie 4 Die Strategie »Kaufen und halten« wurde als Standardvergleichsgröße daneben ausgewertet (aus 10.000 DM wurden 65.081 DM, jährliche Rendite 7,3 Prozent). Der Anleger kümmert sich also innerhalb eines Zeitraums von 27 Jahren gar nicht um sein Depot.

Strategie 5 Die Strategie »Ich habe Angst vor Aktien und lege mein Geld in Zinspapieren an« wurde ebenfalls zum Vergleich betrachtet – hier wurde aus dem Einsatz von 10.000 DM ein Endkapital von 41.080 DM, was einer jährlichen Rendite von 5,3 Prozent entspricht.

⚡ Blitzübersicht: Mit verschiedenen Strategien erfolgreich am Aktienmarkt

Ausgewertet wurde von der Bayerischen Vereinsbank ein Zeitraum von 27 Jahren (bis ultimo März 1995), innerhalb dessen sich insgesamt 19 Kaufsignale ergaben. Als Kaufsignal wurde jedes Mal gewertet, wenn der Rentenindex REX für zehnjährige öffentliche Anleihen seinen gleitenden Neun-Monats-Durchschnitt nach oben (sinkende Zinsen, steigender REX) oder unten (steigende Zinsen, sinkender REX) durchbrach.

	Strategie 1	Strategie 2	Strategie 3	Strategie 4	Strategie 5
	Kauf bei fallenden Zinsen	Kauf bei steigenden Zinsen	Wie Strategie 1, aber Geld-marktanlage bei steigendem Zins	Kaufen und halten	Keine Anlage in Aktien, sondern am Geldmarkt
Kaufen, wenn ...	REX steigt	REX fällt	REX steigt	Anlagebeginn	Anlagebeginn
Verkaufen, wenn ...	REX fällt	REX steigt	REX fällt	Anlageende	Anlageende
Startkapital	10.000 DM	10.000 DM	10.000 DM	10.000 DM	10.000 DM
Kapital Endstand	95.484 DM	3.527 DM	214.336 DM	65.081 DM	41.080 DM
Wertzuwachs	854,8 %	– 64,7 %	2.043,4 %	550,8 %	310,8 %
Rendite pro Jahr	8,9 %	– 3,9 %	12,3 %	7,3 %	5,3 %

Fast unmöglich: immer den richtigen Zeitpunkt zu erwischen

Obwohl die hier vorgestellten Timingstrategien sehr zuverlässige Anhaltspunkte dafür bieten, wann ein Ein- und wann ein Ausstieg empfehlenswert ist, ist das perfekte Timing für den Anleger kaum zu schaffen. Manchmal genügen schon wenige Tage des Zögerns beim Kauf ebenso wie beim Verkauf, um die besten Tage an der Börse zu verpassen.

Einige Analysen der Fondsgesellschaft Fidelity International machen deutlich, wie sich Timingpannen auswirken können. Betrachtet wurde hierzu die amerikanische Börse zwischen 1926 und 1996. Dabei ist zunächst zu berücksichtigen, dass die amerikanischen Aktienkurse von Beginn des Jahrhunderts bis 1996 in etwa 70 Prozent der Zeit gestiegen sind. Das Ergebnis für den Anleger war eine durchschnittliche Jahresrendite von zehn Prozent, wobei in Hausseperioden ein durchschnittlicher Anstieg von 66 Prozent und in Baisseperioden ein Rückgang von 20 Prozent zu verzeichnen waren.

Timingpannen haben unter Umständen fatale Folgen.

Schlechte Börsenperioden überspringen – ist das möglich?
Die Frage, ob man nicht die Baisseperioden einfach überspringen kann, interessiert jeden Anleger. Fidelity hat deshalb analysiert, was einem Anleger passiert wäre, der die besten 30 Monate innerhalb des 70-Jahre-Zeitraums verpasst hätte: In diesem Fall wären aus einem Dollar Einsatz 11,50 Dollar geworden. Wer dagegen sein Geld die ganzen 70 Jahre angelegt hätte, für den wären aus einem Dollar 810 Dollar geworden. Also hätte es im Prinzip ausgereicht, sich statt 70 Jahre lang nur 30 Monate zu engagieren.

Experten-Tip

Das Risiko, die besten Tage oder Monate zu verpassen, ist groß. Sicherer ist es, langfristig am Ball zu bleiben, möglichst wenig zu timen und umzuschichten.

Meist kommt alles auf den einzelnen Tag an
Wie sehr es auf den einzelnen Tag ankommt, verdeutlicht eine Betrachtung der Jahre 1983 bis 1992 an der amerikanischen Börse. Wer in dieser Zeit durchgehend sein Aktienpaket behalten hätte, konnte sich über eine Jahresrendite von 16,25 Prozent freuen. Wer allerdings von den insgesamt 2.526 Tagen nur die zehn besten verpasst hätte – beispielsweise durch Timingversuche –, für den wäre die Rendite auf 11,6 Prozent gesunken. Hätte er sogar die besten 40 Tage versäumt, wäre nur noch eine Rendite von 3,6 Prozent herausgekommen.

Setzen Sie insgesamt auf mittel- oder langfristige Trend, denn die Wahrscheinlichkeit, den oder die richtigen Tage zu erwischen, ist verschwindend gering. Die Grundlagen dafür haben wir Ihnen mit den Zinsstrategien auf Seite 104f. geliefert.

Der Euro kommt: Was bringt das für die Börse?

Schon seit 1996 überschlagen sich die Banken und Analysten mit ihren Prognosen zum Euro. Lange Zeit wurden ausschließlich positive Erwartungen damit verknüpft. Seit 1997 allerdings ist den meisten klar, dass der Euro nicht die über Jahrzehnte von der Deutschen Mark gewohnte Stabilität wird aufweisen können. Und nun sind folgende Umstände zu berücksichtigen:

- Der Euro wird durch zahlreiche Teilnehmerstaaten in eine Weichwährungsrolle gedrückt.
- Insgesamt ist in allen Teilnehmerländern mit einer starken Inflationstendenz zu rechnen.
- Es ist nicht anzunehmen, dass der internationale Finanzmarkt den Euro in der Startphase und in den ersten Folgejahren als ernsthafte Währung wirklich akzeptiert.
- Der Euro wird deshalb aller Voraussicht nach unter Abwertungsdruck kommen.

Angesichts der sich bei Redaktionsschluss dieses Buches abzeichnenden Entwicklungen im Hinblick auf Deutschland und Frankreich ist mit einer deutlichen Aufweichung der Stabilitätskritierien nach dem Maastricht-Vertrag zu rechnen. Die Wahrscheinlichkeit, dass die oben aufgelisteten Entwicklungen eintreten, wird nach unterschiedlichen, aber in dieselbe Richtung weisenden Analysen bereits auf über 80 Prozent geschätzt. Damit sind auch die typischen Begleiterscheinungen der skizzierten Entwicklungen innerhalb der Teilnehmerstaaten vorhersehbar:

Inflationsraten Zu den inflationstypischen Begleiterscheinungen gehören Inflationsraten, die deutlich über den bisher in Deutschland verzeichneten liegen (zwischen drei und dreieinhalb Prozent seit Gründung der Bundesrepublik).

Flucht in Sachwerte Wegen dieser Geldentwertung ist bei den Anlegern eine Flucht in die Sachwerte anzunehmen.

Zinssteigerung Die Kapitalmarktzinsen werden deutlich steigen, weil die Europäische Notenbank auf diese Weise inflationsbremsende Maßnahmen zu ergreifen versuchen wird.

Abwertungsdruck Gleichzeitig werden durch den Abwertungsdruck auf den Euro die europäischen Produkte am Weltmarkt billiger. Hieraus dürften deutliche konjunkturelle Auswirkungen für die Gesamtwirtschaft aller Teilnehmerstaaten resultieren.

Insgesamt sind also für den Anleger in Aktien zwei wesentliche, allerdings gegenläufige Trends zu berücksichtigen:

- Positiv für den Aktionär wirkt sich aus: Die Unternehmensgewinne steigen durch wachsende Weltmarktnachfrage.
- Negativ für den Aktionär wirkt sich aus: Die Zinsen steigen, und Geldmarktanlagen treten in deutliche Konkurrenz zu Aktien.

Flucht in Sachwerte – aber nicht nur in Aktien

Oberflächlich betrachtet, haben Geldinstitute natürlich Recht, wenn sie nach dem Start des Euro eine wachsende Flucht des Anlegers in die Sachwerte prophezeien und auch Aktien in die Sachwerte einreihen. Tatsächlich aber wird die Flucht in die Sachwerte in erster Linie eine Flucht in Immobilienanlagen auslösen – ungeachtet der allen Plänen zufolge verschlechterten steuerlichen Situation für den Immobilienbesitzer. Was spricht für diese These?

Immobilienanlagen können natürlich auch Immobilienfonds sein.

Günstige Darlehen Vor dem Euro-Start bieten niedrige Zinsen die Möglichkeit, sich langfristig günstige Darlehen für Hypotheken zu sichern.

Mieteinnahmen Mit dem Einsetzen von inflationären Tendenzen und im Rahmen der höheren Preissteigerungsraten verbessern sich die Aussichten auf laufende Erträge für Immobilienbesitzer. Mit anderen Worten: Die Mieten werden nach Einführung des Euro wieder steigen.

Wertsteigerung Die Zusammenfassung der beiden vorgenannten Punkte bedeutet, dass bei klar kalkulierbaren Belastungen über lange Zeiträume der Immobilienbesitzer auf eine sich in Richtung Überschuss entwickelnde Ertragsrechnung spekulieren kann, denn im Gegensatz zu den steigenden Erträgen sind seine Belastungen langfristig festgezurrt.

Experten-Tip

Eine dringende Empfehlung für die Vorbereitung auf den Euro lautet deshalb, Immobilienanlagen in eine Reihe mit Aktien-engagements und Geldmarktanlagen zu stellen.

Es ist zu erwarten, dass sich im Zuge der Euro-Einführung die sprunghaften Wertsteigerungen am Immobilienmarkt wie zu Anfang der neunziger Jahre wiederholen werden, nachdem der Markt Mitte des Jahrzehnts eine deutliche Verschnaufpause mit teilweise auch deutlichen Wertrückschlägen durchlaufen hat.

Freundliches Exportklima – doch Vorsicht!

Mehrfach haben wir in diesem Buch darauf hingewiesen, dass die Börsenentwicklung immer Konjunkturtrends vorwegnimmt. Genau dies scheint einer der wesentlichen Motoren für den sprunghaften Anstieg der Aktienkurse in den Jahren 1996 und 1997 gewesen zu sein. Nachdem im Jahr 1997 deutlich zu erkennen war, dass der Euro um jeden Preis eingeführt werden soll, zugleich aber nicht die zunächst versprochene Geldwertstabilität aufweisen kann, setzte der Höhenflug an den deutschen Börsen erst richtig ein.

Die von den Banken vorhergesagte Belebung des Aktienmarkts hat in weiten Bereichen bereits stattgefunden.

Schaukelbörse mit heftigen Kurssprüngen

Nur deutliche Rückschläge vor einer Phase der »Schaukelbörse« mit Kurssprüngen nach oben und unten innerhalb relativ kurzer Zeiträume ermöglichen vor dem Euro-Start noch Aktienengagements mit einigermaßen sicheren Renditeaussichten.
Viel stärker als die bereits zu Teilen vorweggenommenen Erwartungen hinsichtlich der Exportchancen für deutsche und europäische Unternehmen dürften sich mittelfristig am Europäischen Finanzmarkt die Auswirkungen einer schärferen Geldmarktpolitik zeigen – und auf die Börsen durchschlagen.

Bringt der Euro Kurssteigerungen für deutsche Aktien?

Es wäre Unsinn, angesichts der klar nachweisbaren Zinsauswirkungen auf den Aktienmarkt davon auszugehen, ausgerechnet im Zusammenhang mit dem Euro könnten sich alle bisherigen Erfahrungen als falsch erweisen. Folglich sollte sich der Aktionär gerade jetzt auf die von uns dargestellten Strategien für Zinsveränderungen (siehe ab Seite 100) einstellen.

Gegen die Annahme, der Euro könne zu dauerhaften und deutlichen Kurssteigerungen bei deutschen Aktien führen, spricht noch ein anderer wesentlicher Faktor: Schon heute zeigt sich, dass der Anteil der europäischen Nachbarländer am deutschen Exporterfolg sinkt. Dies bestätigt auch eine im Juli 1997 vom Deutschen Industrie- und Handelstag veröffentlichte Einschätzung. Dieser Anteil könnte nach dem Euro-Start weiter sinken.

Europäische Aktienbörsen haben möglicherweise noch mehr Potenzial als die deutsche Börse.

Es ist eher davon auszugehen, dass andere Euro-Teilnehmerstaaten einen deutlichen Aufschwung durch steigende Exporte erfahren könnten – zu Lasten der deutschen Exportwirtschaft. Für diese Annahme spricht vor allem die am Standort Deutschland hohe Kostensituation der Unternehmen.

Vieles spricht dafür, dass andere europäische Börsen auch dann noch zu den Euro-Gewinnern gehören, wenn am deutschen Aktienmarkt bereits alle Euro-bedingten Positivimpulse ausgereizt sind.

Unser Tip: Behalten Sie deshalb unbedingt die Börsen der zum Redaktionsschluss dieses Buches noch nicht feststehenden Teilnehmerländer im Auge.

Leider ohne Garantie: Unsere Euro-Strategie

Vor dem Start der Währungsunion In der Phase vor dem Start der gemeinsamen europäischen Währung kann es sein, dass deutsche Aktien bevorzugt werden. Dabei dürfte der Anlageerfolg aber stark von der richtigen Nutzung auch einer Schaukelbörsensituation abhängen.

Immobilienanlage Bei einer stark unterschiedlichen Börsenentwicklung an den europäischen Märkten, die in der Startphase noch denkbar ist, danach dann immer unwahrscheinlicher wird, wäre der richtige Zeitpunkt zum Einstieg in den Immobilienmarkt gekommen.

Geldmarktanlage Bei einer allgemein nachlassenden Börsenentwicklung und steigenden Zinsen in ganz Europa wäre spätestens der Umstiegszeitpunkt in Geldmarktanlagen erreicht.

Verspäteter Exportschub   Fünf bis zehn Jahre nach dem Start des Euro könnte durch den starken Exportschub eine Stabilisierung der Lage eintreten, die dann erneut Aktienengagements vorteilhaft werden lässt.

CHARTS: MAGISCHE KURVEN, AUS DENEN MAN DIE KURSE DER ZUKUNFT ERKENNEN SOLL

Die bisher dargestellten Faktoren, aus denen sich Entwicklungen am Aktienmarkt ablesen lassen, werden meistens als fundamentale Einflüsse bezeichnet. Daneben gibt es aber die technische Analyse, die von einer völlig anderen Denkweise beeinflusst wird – bei der technischen Analyse werden künftige Entwicklungen aus dem bisherigen Verlauf von Kursverläufen abgeleitet.

Nun lässt sich zwar nicht verleugnen, dass bestimmte Kursbilder typisch und gewisse Regelmäßigkeiten erkennbar sind. Allerdings fehlt bei allen Charts, wie man diese Schaubilder mit Kursdarstellungen allgemein bezeichnet, immer der »Warum-Faktor«. Wir halten schon deshalb Chartanalysen insgesamt für weniger Erfolg versprechend als die Berücksichtigung fundamentaler Daten.

Überspitzt ausgedrückt: Die Chartanalyse kommt in unseren Augen dem Versuch gleich, aus dem zerknitterten Blech eines verunglückten Autos auf die Fähigkeiten des Fahrers zu schließen. Ein Faktor mag dabei immer zutreffend sein – nämlich dass der jeweilige Fahrer den Unfall nicht vermeiden konnte. Aber sagt dies wirklich alles über seine Fähigkeiten aus?

Wesentliche Grundlagen von Chartanalysen

Ungeachtet unserer eigenen Einstellung möchten wir Ihnen aber nicht die wesentlichen Grundlagen von Chartanalysen vorenthalten. Schließlich lässt sich bei Börsengeschäften nichts mit absoluter Sicherheit vorhersagen – und zwangsläufig werden auch mit der Chartanalyse immer wieder Treffer zu landen sein. In allen Fällen können sich die Charts sowohl auf den

Zahlreiche Charts werden regelmäßig im *Handelsblatt* veröffentlicht.

Gesamtmarkt als auch auf einzelne Werte beziehen. Durch tägliche oder wöchentliche Beobachtung der Kurse ist es aber auch leicht möglich, sich eigene Charts z. B. von Nebenwerten anzufertigen.

Die Indexkurven-Theorie

Mit diesem Chart werden nicht die Bewegungen einzelner Aktien, sondern immer die des Indexes (z. B. DAX®, Dow Jones) dargestellt – deshalb wird in diesem Zusammenhang auch oft von der Dow-Theorie gesprochen. Um kurzfristige Schwankungen (in unserer Darstellung zur besseren Erklärung besonders deutlich hervorgehoben) zu eliminieren, werden die jeweiligen Kursgipfel bzw. die jeweiligen Tiefpunkte mit einer Linie verbunden. Diese Primärtrendlinie soll dann erkennen lassen, ob trotz erheblicher Schwankungen noch eine Auf- oder Abwärtsbewegung der Kurse stattfindet. Typisches Kennzeichen dafür ist, dass jedes weitere Hoch der Kurse über dem zuletzt festgestellten liegt, ebenso liegt jedes künftige Tief unter dem zuletzt registrierten. Zu erkennen ist also, ob ein Trend anhält oder sich bereits gewendet hat – nicht aber, wann der Wendepunkt erreicht sein wird. Für sich allein ist deshalb die Indexkurven-Theorie wenig aussagefähig.

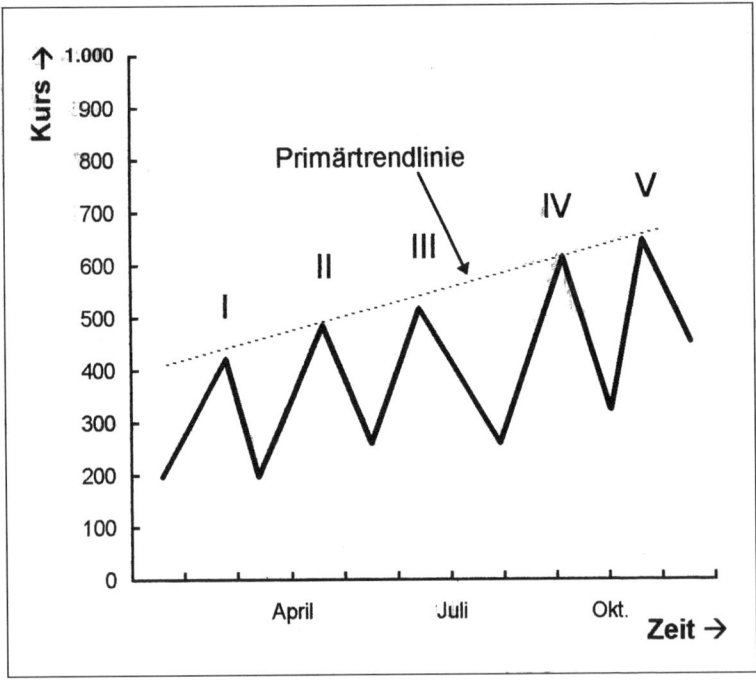

Die Advance-Decline-Linie

Für diese Kurve muss täglich ermittelt werden, wie groß die Differenz zwischen Gewinner- und Verliereraktien an der Börse war. Hinweise darauf geben die Statistiken in den Börsennachrichten. Aus diesen Angaben wird dann Tag für Tag eine Zeitreihe gebildet, indem die Zahl der Gewinner bzw. Verlierer zum Vortagswert hinzugerechnet oder von diesem abgezogen wird, wenn die Zahl der Kursverlierer überwiegt. Folglich ist am Verlauf der Linie zu erkennen, ob die Zahl der Aktien mit Gewinnen oder Verlusten überwiegt.

Sinnvolle Betrachtungen sind mit dieser Linie möglich, wenn sie mit der bereits genannten Indexkurve verglichen wird. Denn solange sich die hier gezeigte Linie parallel zur Kurslinie bewegt, bestätigt sie den Auf- oder Abwärtstrend. Fällt die Linie aber schon, während die Indexkurve noch eine Aufwärtsbewegung erkennen lässt, wird dies als Alarmsignal gewertet. Denn der durch die Indexkurve signalisierte Aufwärtstrend ist dann bereits kraftlos, weil er nur noch von wenigen Werten bestimmt wird, die Zahl der Verlierer aber bereits deutlich überwiegt.

Experten-Tip

Überzeugte Chartisten richten sich bei der Einschätzung von Trends eher nach der Advance-Decline-Linie als nach der Index-kurve. Eine besonders krasse Fehldeutung wäre nämlich möglich, wenn die Indexkurve noch den bisherigen Trend aufweist, weil die für eine Trendumkehr notwendigen neuen Hoch- oder Tiefstände wegen der Zeitreihenbetrachtung noch nicht zu erkennen sind.

Der gleitende Durchschnitt

Um Fehldeutungen zu vermeiden und die im Rahmen eines deutlichen Trends nicht aussagefähigen Tagesschwankungen herauszufiltern, wird ein gleitender Durchschnitt aus den Kursbewegungen einer einzelnen Aktie oder eines Indexes ermittelt. Diesen gleitenden Durchschnitt gibt es üblicherweise für Zeiträume von 38, 80, 100 oder 200 Tagen, das *Handelsblatt* veröffentlicht mehrmals pro Woche die Darstellungen für 38 und 200 Tage und nimmt dem Anleger damit viel Rechenarbeit ab.

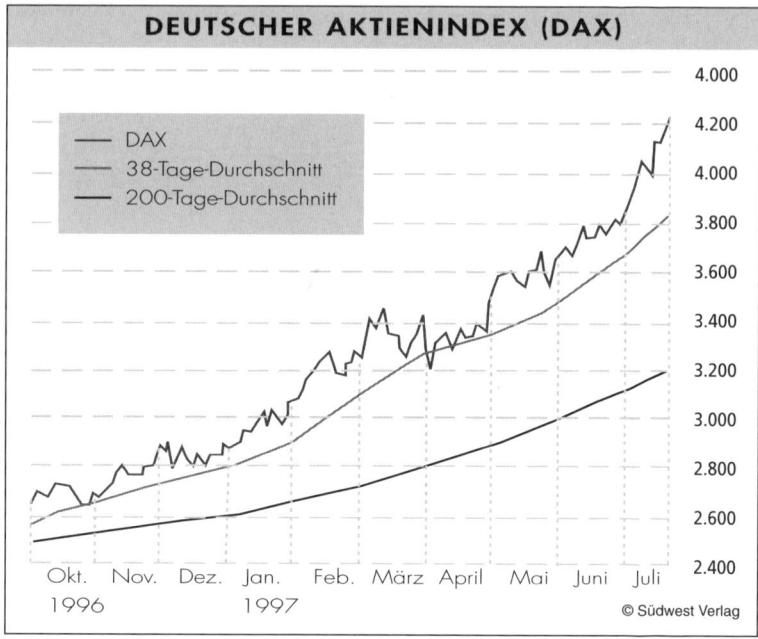

Diese muss dagegen leisten, wer diesen Durchschnitt selbst ermitteln will: Für jeden Börsentag wird zunächst ein Durchschnitt aus
den Kursen der letzten z. B. 38 Tage errechnet. An jedem folgenden Börsentag wird dann jeweils der älteste Börsentag weggelas-
sen, hier also praktisch der 39. Börsentag, stattdessen wird der ak-
tuellste Kurs in die Durchschnittsrechnung einbezogen.

Wird der gleitende Durchschnitt eines einzelnen Aktienkurses mit
dem des Indexes verglichen, lassen sich daraus Verhältnisse zwischen Einzelbewegungen und dem Gesamtmarkt erkennen.

• Als Verkaufssignal wird gewertet, wenn die aktuelle Indexlinie
den Durchschnitt von oben nach unten durchschneidet.

• Als Kaufsignal wird gewertet, wenn eine Durchschneidung von
unten nach oben erfolgt.

Allerdings sollte dann der gleitende Durchschnitt für einen möglichst langen Zeitraum bevorzugt werden, denn die Aussagefähig-
keit des kurzfristigen Durchschnitts (38 Tage) ist begrenzt. Besonders deutlich wird dies in solchen Haussezeiten wie im Sommer
1997. Obwohl der 38-Tage-Durchschnitt mehrmals von oben nach

unten durchbrochen und somit ein Verkaufssignal gegeben wurde, hielt der positive Trend (siehe Darstellung) unvermindert an. Wer sich nach dem 38-Tage-Durchschnitt richtete, hätte also zum falschen Zeitpunkt verkauft, während der Chartist mit Blick auf den nicht berührten 200-Tage-Durchschnitt gehalten und weiter verdient hätte.

Selbst allerbeste Analysen beinhalten nie eine absolute Garantie.

Die Oszillator-Linie

Wer mit dem gleitenden Durchschnitt noch ein bisschen weiter rechnen will, um seine Analyse zu verfeinern, kann auch noch die tägliche prozentuale Abweichung des Durchschnitts vom Index ermitteln und in ein Diagramm eintragen. Das Ergebnis ist dann die so genannte Oszillator-Linie, die eine Abweichung des Indexes vom gleitenden Durchschnitt nach oben oder unten anzeigt. Die Null-Linie stellt dabei den gleitenden Durchschnitt dar: Eine Abweichung nach oben soll Kauf-, eine nach unten Verkaufssignal sein. Als Warnung für den Anleger wird gewertet, wenn sich die Ausschläge der Oszillator-Linie immer mehr verringern und sich in immer geringerem Abstand zur Null-Linie bewegen.

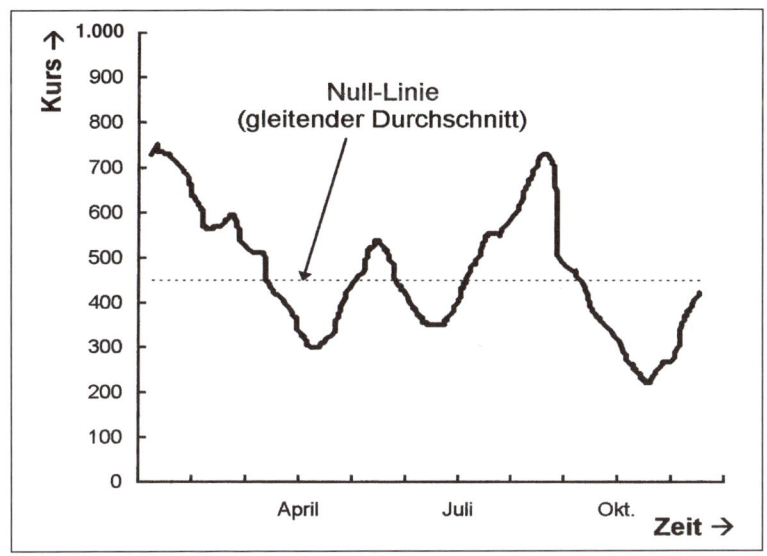

Die Widerstands- und Unterstützungslinien

Für eine der aussagefähigsten Chartdarstellungen halten wir noch die Widerstands- und Unterstützungslinien, für die nur eine Kurskurve benötigt wird (Index oder Einzelwerte), bei der dann die jeweiligen Tief- und Hochstände miteinander verbunden werden. Auf diese Weise erhält man beim Verbinden der Tiefstände eine Unterstützungslinie, beim Verbinden der Hochstände eine Widerstandslinie.

Die Theorie besagt, dass die Börse immer mehrere Anläufe benötigt, um eine solche Linie zu durchbrechen. Der Grund hierfür ist, dass aller Erfahrung nach viele Anleger verkaufen, wenn ehemalige Höchststände wieder erreicht sind, bzw. viele Anleger neu einsteigen, wenn ehemalige Tiefstände erreicht sind. Dadurch entsteht in beiden Fällen eine Situation, die entweder den Kursanstieg bremst (bei großem Angebot wegen Erreichen der Widerstandslinie) oder verstärkte Nachfrage auslöst (wegen Erreichen der Unterstützungslinie). Diese technischen Reaktionen stehen dann zunächst einem weiteren Kursanstieg oder Kursabfall entgegen, können also Trends in beide Richtungen zunächst unterbrechen.

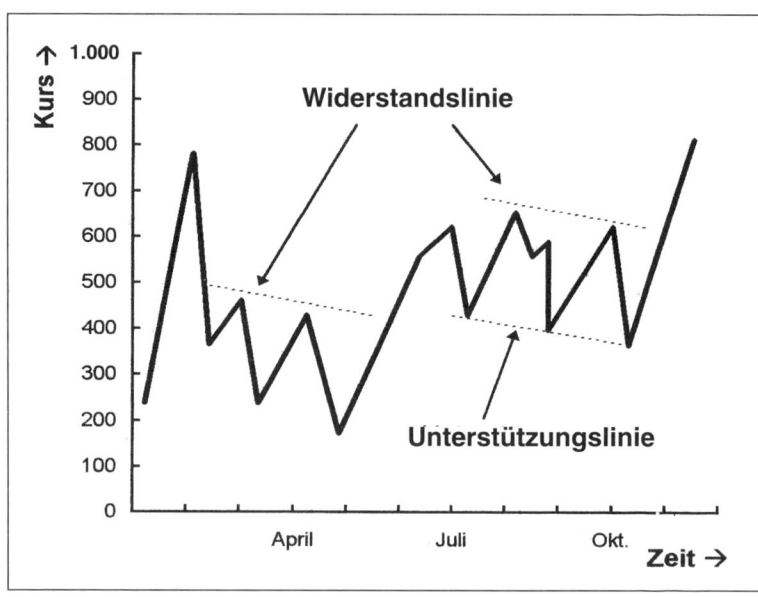

Weitere Chartformationen zur Trendbestimmung

Ist ein Kursanstieg das Signal dafür, dass es an der Börse insgesamt wieder aufwärts geht? Oder handelt es sich nur um ein kurzes Aufflackern, dass sich in einer längerfristigen Phase sinkender Kurse bemerkbar macht? Antworten auf diese Frage erhoffen sich viele chartgläubige Menschen durch die Betrachtung von geometrischen Figuren, die sich aus den Verbindungslinien der Höchst- und Tiefstkurse bilden lassen. Dabei werden folgende Unterscheidungen getroffen:

Trendbestätigende Chartdarstellungen Sie sollen ein Indiz dafür sein, dass die bisher beobachtete Entwicklung weiterhin anhält. Für einen weiterhin anhaltenden Abwärtstrend spricht die sogenannte Keil-Formation.

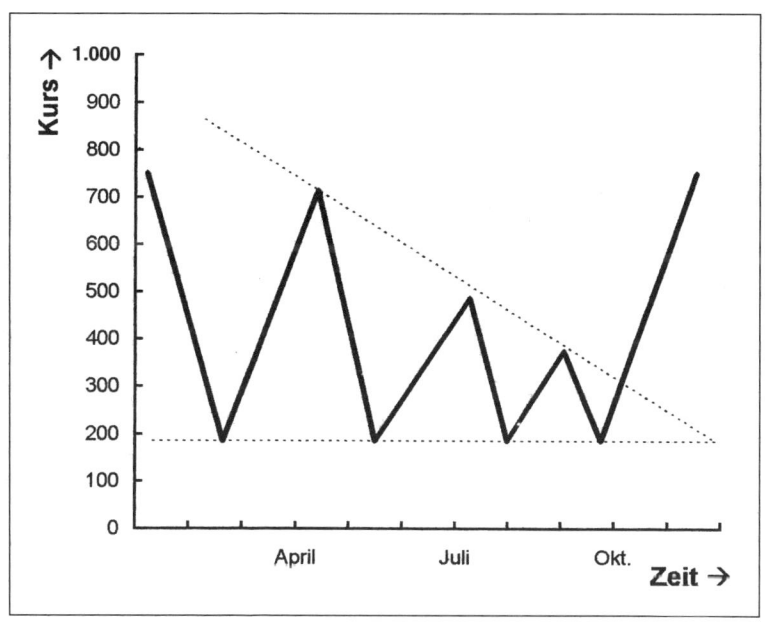

Wimpel-Formation Diese Formation spricht für einen weiterhin zu erwartenden Anstieg.

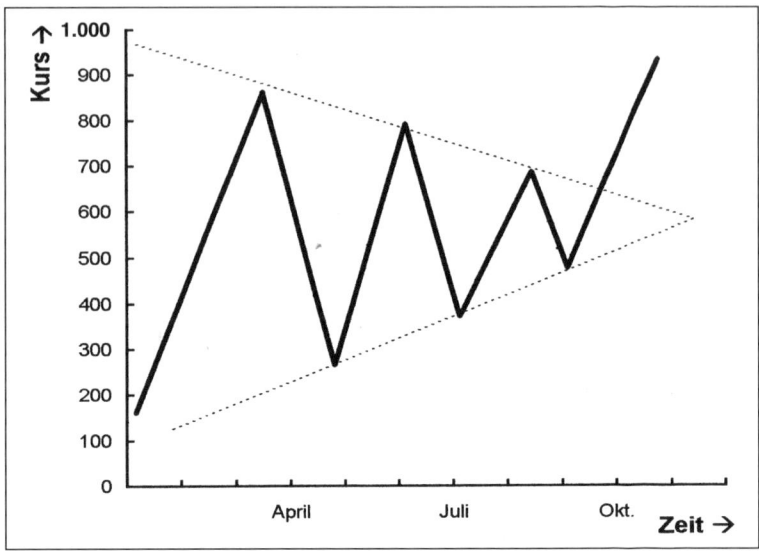

Trendumkehr oder -bestätigung Sie sollen aus Rechteck- und Dreieck-Formationen zu erkennen sein. In beiden Fällen kann erst nach dem Durchbrechen der jeweiligen Unterstützungs- (unten)

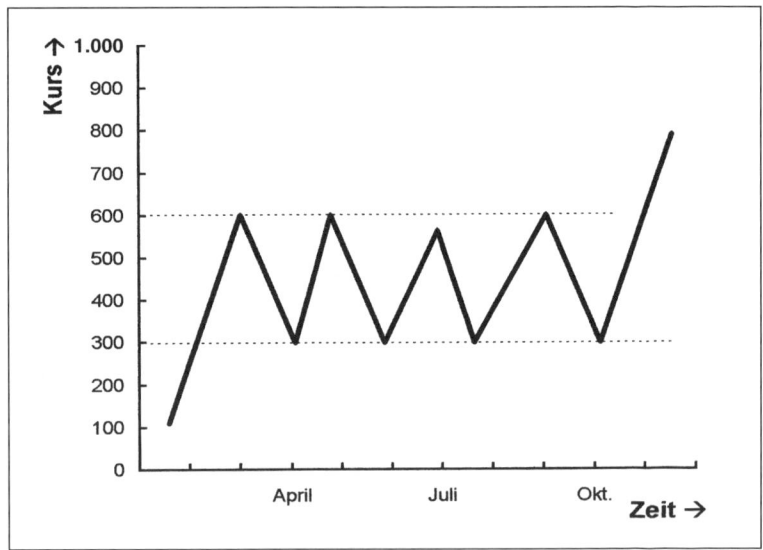

oder Widerstandslinie (oben) die Aussage getroffen werden, ob eine Trendbestätigung oder -änderung zu erwarten ist. Dabei handelt es sich bei der Dreiecks-Formation dann praktisch um eine Fortführung des bereits dargestellten Wimpels oder Keils. Das Rechteck aus Unterstützungs- und Widerstandslinie zeigt in diesem Fall einen Steigerungstrend an.

Ebenfalls einen positiven Trend signalisiert in diesem Fall das symmetrische Dreieck.

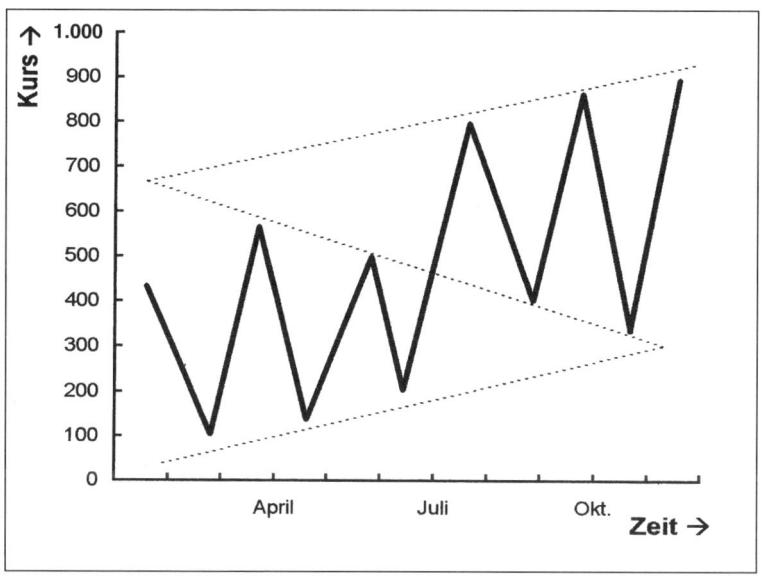

Trendumkehr Auf eine Trendumkehr dagegen weisen eindeutig die weiteren Darstellungen hin. Diese können sich sowohl zum Ende einer Hausse als auch zum Schluss einer Baisse zeigen.

Kopf-Schulter-Formation Auf eine Trendumkehr hin zu Kursverlusten kann beispielsweise die Kopf-Schulter-Formation schließen lassen. Eine Schulter-Kopf-Formation wie auf Seite 120 oben könnte auf eine Trendwende hindeuten. Allerdings ist eine solche geometrische Figur – wie bereits erwähnt – keineswegs ein hundertprozentiges Signal.

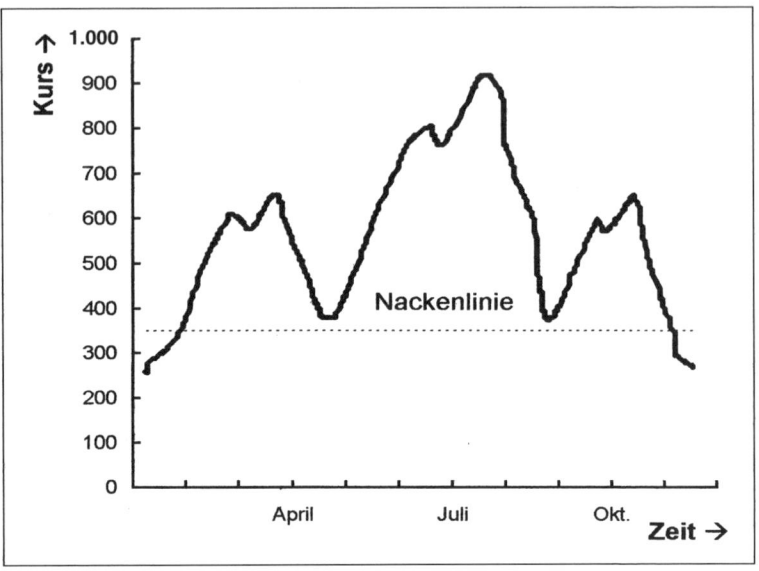

Doppel-Spitze oder Doppel-Boden Diese Formation deutet auf steigende Kurse hin.

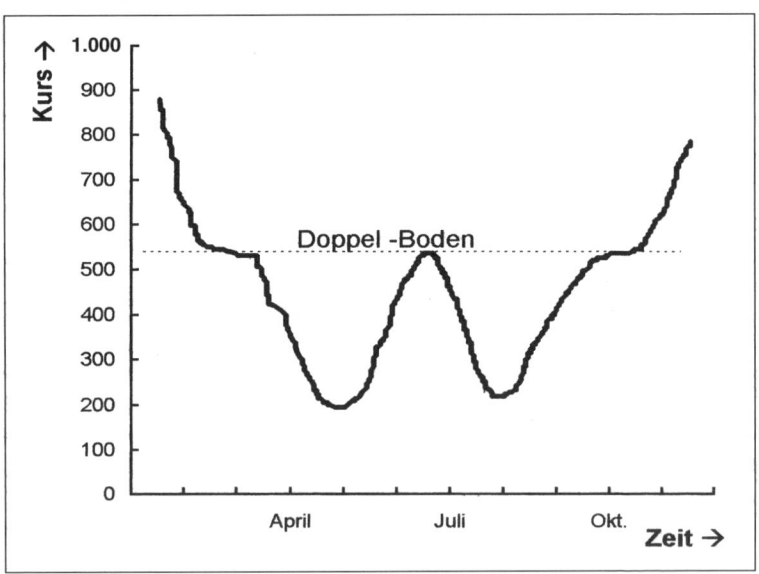

Untertassen-Formation   Auch diese Formation weist auf steigende Kurse hin.

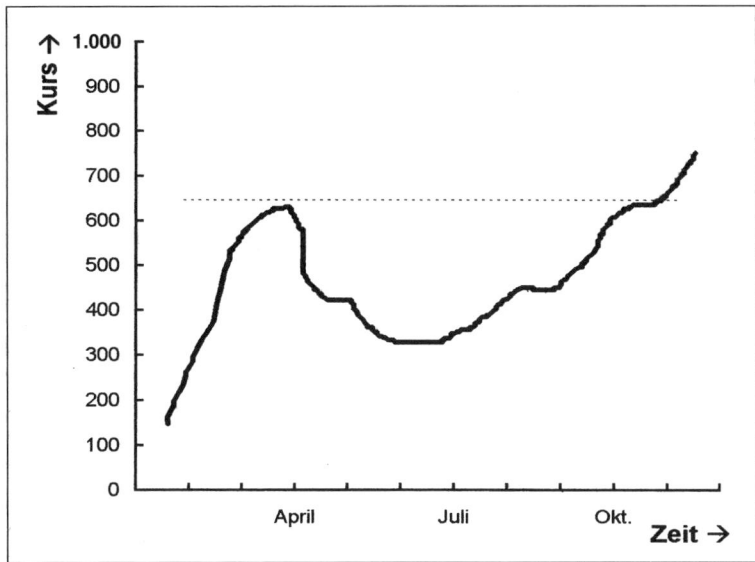

Das sollten Sie beachten!

Fassen wir kurz zusammen, was für Sie als Anleger wichtig ist:

Die Marktlage   Primär ist es wichtig, die Marktlage kritisch zu beobachten: Wo sind Gewinner, wo Verlierer? Sekundär zahlt es sich aus, konjunkturelle Einflüsse zu berücksichtigen. Vorausschauendes Handeln ist hier angesagt.

Panikaktionen   Vermeiden Sie um jeden Preis Panikverkäufe bei plötzlichen Kurseinbrüchen. Analysieren Sie vielmehr in aller Ruhe, warum die Kurse in den Keller gestürzt sind. Manchmal lohnt es sich, Aktien nachzukaufen.

Der Dollarkurs   Exportorientierte Aktienwerte sind stärker dollarabhängig, andere weniger.

Der Kapitalmarkt   Steigen am Kapitalmarkt die Zinsen, lohnt sich ein Engagement in Aktien nicht mehr. Dann sind Geldmarktanlagen erste Wahl.

Der Euro   Ob der Euro deutsche Aktien beflügelt, ist mehr als fraglich. Denkbar ist eher, dass der Euro unter Abwertungsdruck gerät.

WAS BRINGEN DIE TIPS DER AKTIENPROFIS?

Wer sich für Aktien oder überhaupt für Geldanlagen interessiert, die mehr als den gerade aktuellen Langfristzins am deutschen Markt bieten, kennt auch die Erfolgsmeldungen: Weit über 100 Prozent Wertzuwachs in sechs Monaten vermelden da manche Wertpapierberater als ihre übliche Erfolgsquote. Sogar bis zu 500 Prozent in wenigen Jahren wollen einige Infodienste ihren Lesern durch die wöchentlichen oder monatlichen Tips als Wertzuwachs verschafft haben. Toll, möchte man meinen. Soll doch der Anlageberater mit seinem ganzen Sachverstand entscheiden – oder?

Soll man auf den Anlageberater vertrauen?

Lieber nicht, lautet unsere Empfehlung. Denn schon mit tollen Erfolgsmeldungen ist es so eine Sache: Theoretisch hätte man vielleicht auch mal die versprochenen 500 Prozent als Wertzuwachs einfahren können. Aber praktisch dürfte er für kaum einen Anleger zu realisieren gewesen sein. Denn wenn irgendjemand Ihnen Woche für Woche die tollsten Anlagetips unterbreitet, sind das erheblich mehr, als Sie überhaupt befolgen könnten. Ein paar befolgen Sie, mal mit mehr, mal mit weniger Erfolg – aber nie mit den versprochenen Margen. Diese kommen nämlich nur heraus, wenn aus dem Riesenangebot der Empfehlungen die jeweils besten herausgenommen werden. Und vielleicht erinnern Sie sich an eine unserer ganz banalen Feststellungen vom Anfang dieses Buches: Wenn die Kugel schon gefallen ist, kann man leicht sagen, welche die Gewinnerzahl ist …

Welche Empfehlungen die besten sind, das kann Ihnen zum Veröffentlichungszeitpunkt niemand sagen.

Experten-Tip

Wir empfehlen, sich auf das eigene Gefühl und einige der bewährten Strategien bzw. Bewertungskriterien zu verlassen, die wir in den vorhergehenden Abschnitten zusammengestellt haben. Ihre Trefferquote dürfte dann kaum geringer sein als die der Experten.

AUCH EXPERTEN LIEGEN OFT DANEBEN

Eines der klassischen Beispiele für Fehleinschätzungen war die Börsenentwicklung des Jahres 1997: Zum Jahresbeginn sahen praktisch alle Geldinstitute noch Entwicklungschancen für Aktienanlagen, ein DAX® von 3.200 Punkten wurde als Obergrenze der Entwicklung häufig genannt. Sechs Monate später stand der DAX® um rund 1.000 Punkte höher.

Nicht auf die DAX®-Werte setzen, sondern auf starke Nebenwerte des M-DAX® achten, war ein häufig genannter Tip zu Jahresbeginn. Pustekuchen! Zitat einer Überschrift aus dem *Handelsblatt* vom 27. Juni desselben Jahres: *M-DAX® wird von den Top-30-Werten abgehängt – Blue Chips eilen von einem Rekord zum anderen.*

Also nicht mal mit ihrer Grobeinschätzung der Trends lagen die professionellen Analysten richtig – geschweige denn, dass die Einzelempfehlungen zum Jahresbeginn eine deutlich bessere Trefferquote als der Wurf einer Münze mit 50:50-Prozent-Chance gehabt hätten. Eine Peinlichkeit immerhin blieb den Geldinstituten erspart: Welche Aktien sie zu Jahresbeginn auch empfahlen, der Anleger konnte bei allen Kursgewinne verzeichnen. Aber in vielen Fällen lagen diese weit unter dem Wertzuwachs, den der DAX® signalisierte.

Geringe Trefferquote von Einzelempfehlungen

Wir haben über mehrere Jahre hinweg Einzelempfehlungen der Banken verfolgt und die Trefferquote analysiert. Das erschütternde Resultat: Sie liegt nahe der Münzwurfgenauigkeit. Deshalb haben wir uns dann auch dazu entschieden, keine einzelne Bank an den Pranger zu stellen – mal liegt die eine, mal die andere voll daneben.

Auf Empfehlungen für einzelne Papiere sollte man generell eher nicht vertrauen.

Aber nie haben wir es erlebt, dass eine voll getroffen hätte. Folglich wäre eine Positivauswahl von treffsicheren Geldinstituten nicht seriös.

Allenfalls taugen die Ratschläge der Bankberater dazu, ganz eklatante Anlagefehler zu vermeiden – etwa die von uns bereits mehrfach genannten Warnsignale zu missachten. Eines der wichtigsten Warnsignale ist beispielsweise, wenn am Kapitalmarkt die Zinsen steigen. Denn dann werden Geldmarktanlagen mittelfristig attraktiver als Aktienanlagen.

Dartpfeile sind besser als der DAX®

Ausgerechnet das *Handelsblatt*, das schließlich nicht unwesentlich von Prognosen und Strategieempfehlungen lebt, wagte 1996 ein verblüffendes Experiment: Die Mitglieder der Frankfurter Finanzredaktion warfen sechs Pfeile auf die Kursnotierungen des eigenen Blattes und verfolgten die Wertentwicklung der getroffenen Titel mit der Entwicklung des DAX®. Nach etwa einem dreiviertel Jahr wurde bilanziert: Der DAX® brachte es innerhalb des Betrachtungszeitraums auf einen Wertzuwachs von 16 Prozent – das Zufallsdepot aus den Dartpfeiltips kam auf 16,2 Prozent. Und wir haben volles Verständnis dafür, dass die Kollegen dieses Ergebnis nur in einem versteckten Zweispalter vermeldeten. Warum schließlich sollte künftig noch jemand für Expertenempfehlungen Geld bezahlen und die Zeitung kaufen, wenn er für eine einmalige, viel geringere Ausgabe einen Satz Dartpfeile bekommen kann …

Vernichtende Ergebnisse bei der Überprüfung von Anlagetips

Auch die Stiftung Warentest kam zu eher vernichtenden Ergebnissen bei der Überprüfung von Anlageempfehlungen der Banken in deren Aktienbriefen. Ergebnis für die Jahre 1993 und 1994: Die Tips sind schlicht und einfach schlecht. Weder konnten die Banken mit ihren Empfehlungen den DAX® schlagen, noch schafften sie es, ein durchgängig positives Anlageergebnis zu erzielen. Allerdings lagen die Tips der Banken immerhin noch ein wenig besser als die Tips der zum Teil teuren Börsenbriefe, denen man wegen ihrer Unabhängigkeit vielleicht sogar mehr Vertrauen schenken könnte als den Banken. Die folgende Übersicht auf Seite 125 zeigt die wichtigsten Daten auf einen Blick.

Sie sehen schon: Es lohnt sich also überhaupt nicht, Geld für Börsenbriefe oder spezielle Informationsdienste auszugeben, die immerhin bis zu 700 DM pro Jahr kosten. Die einzig guten Tips, so *Finanztest*, sind oft die Warnungen der Dienste. Aber diese kann man von seinem Bankberater auch bekommen – kostenlos bzw. als Dienstleistung im Rahmen der Gebühren für Wertpapiergeschäfte.

Nun könnte jemand auf die tolle Idee kommen, Untersuchungsmethoden oder Zeiträume für die geringe Trefferquote verantwortlich zu machen – so sind die Jahre 1993 und 1994 beispielsweise als

⚡ Blitzübersicht: Die Trefferquote von Experten

(nach: Stiftung Warentest/Finanztest Hefte 4 und 5/1995)

	Wertentwicklung		Anlageergebnis	
	Tips besser als DAX	Tips schlechter als DAX	Tips besser als Festgeld	Tips brachten Verlust
Durchschnitt aller Bank-Infodienste	42,9 %	57,1 %	37,6 %	53,8 %
Durchschnitt unabhängiger Börsenbriefe	41,0 %	59 %	32,7 %	60,6 %

sehr schwierige Börsenjahre zu sehen. Aber gerade dann müssten Profitips dem Anleger erst recht den Weg weisen können, sollte man meinen. In einer absoluten Hausse wie dem ersten Halbjahr 1997 benötigt keiner Tips – da kann man beliebig kaufen und macht immer irgendwie Gewinn.

Deshalb unsere absolut ernst gemeinte Empfehlung: Werfen Sie lieber eine Münze, als viel Geld für irgendwelche Empfehlungen zu Aktienanlagen auszugeben. Mit einer geworfenen Münze haben Sie immerhin eine fifty-fifty-Chance für einen Treffer.

Warum Beratungsgespräche doch sinnvoll sein können

Ganz kurz haben wir es schon anklingen lassen: Auf eine ausführliche Beratung sollte gerade der unerfahrene Anleger trotz der geringen Trefferquote von Experten nicht verzichten. Denn auch in diesem Buch erfahren Sie zwar, wann die richtigen Zeitpunkte für Ein- oder Ausstieg gekommen sein können – aber schaden kann es nicht, die eigene Strategie doch mal mit einem anderen durchzusprechen. Außerdem verfügen die Berater oft über Informationen, die dem Anleger nicht zur Verfügung stehen. Und schließlich gibt es manchmal auch fast keinen Weg, sich um eine Beratung herumzudrücken: Denn wegen der Bankenhaftung sichern sich mittlerweile fast alle Institute ab.

Schlechte Tips von der Bank:
Wann können Sie Schadenersatz verlangen?

Banken und Sparkassen sind zwar stets bemüht, sich als seriöse Unternehmen zu präsentieren. Das fängt schon damit an, dass es bei vielen Instituten konkrete Kleidervorschriften gibt, nach denen sich die Mitarbeiter zu richten haben. Angesichts dieses seriösen Auftretens sitzen allerdings viele Verbraucher einem verhängnisvollen Irrtum auf: Sie halten Geldinstitute generell für faire, vielleicht sogar für verbraucherfreundlich arbeitende Unternehmen.

Das aber ist ein gefährlicher Irrglaube. Geldinstitute sind kommerzielle Unternehmen, die sich unter dem Strich nicht anders als ein Gebrauchtwagenhändler oder ein Gemüseverkäufer auf dem Wochenmarkt verhalten. Kurzum: Man wird Sie auch bei Banken und Sparkassen so beraten, dass ein möglichst großer Nutzen für das jeweilige Institut entsteht. Rechnen Sie deshalb damit, dass man Ihnen Anlagen mit schlechter Rendite und hohem Ertrag für die Bank aufzuschwatzen versucht.

Experten-Tip

Beachten Sie stets: Keine Bank muss Sie darauf hinweisen, dass Sie mit gleichem Einsatz woanders eine höhere Rendite erzielen können. Ein Autohändler ist schließlich auch nicht verpflichtet, Ihnen das Modell eines anderen Herstellers zu empfehlen, weil es vielleicht preiswerter oder mit mehr Extras ausgestattet ist.

Wann können Sie vom Gericht Hilfe erwarten?

Sie können deshalb auch von Gerichten keine Hilfe erwarten, wenn Sie sich aus freien Stücken auf eine schlechte Anlage eingelassen haben. Nur bei einem Verstoß gegen Beratungs- und Aufklärungspflichten oder Vorschriften über Vertragsinhalte oder bei der Ausnutzung von Notlagen für schlechte Geschäfte haben Sie eine Chance, juristische Erfolge gegen die Geldinstitute zu erzielen.

Geldinstitute müssen bei der Anlageberatung eine Reihe von Pflichten erfüllen

Von Banken und Sparkassen erwarten wir, dass sie uns dabei helfen, mehr aus unserem Geld zu machen. Sie sollten uns möglichst davor bewahren, bei Geldanlagen auf das falsche Pferd zu setzen und Kapital zu verlieren. Im Gegensatz zu früher gibt es in der neuen Rechtsprechung viele Beispiele dafür, dass die Banken bei schlechter Beratung und wissentlich falschen Tips haftbar gemacht werden können.

Man muss die falsche Beratung in jedem Fall ganz klar nachweisen können.

Das heißt aber noch lange nicht, dass man wie ein Glücksspieler an der Börse sein Vermögen nach den Tips der Institute einsetzen kann – und die Verluste erstattet bekommt, wenn der eine oder andere Tip sich als falsch erwies. Die Gerichte machen nämlich bei ihren Entscheidungen über Schadenersatzforderungen gegenüber Beratern sehr feine Unterschiede:

Unerfahrene Geldanleger   Wer bisher nur in sehr sichere Anlagen investiert hat, wer also z. B. festverzinsliche Wertpapiere gekauft hat, muss umfassend beraten und auf Risiken deutlich hingewiesen werden.

Erfahrene Geldanleger   Wer in der Vergangenheit schon mit risikoreichen Anlagen wie z. B. Aktien spekuliert hat, ist automatisch schlechter gestellt. Bei ihm setzen die Gerichte voraus, dass er sich der Gefahren bewusst ist und auch weiß, dass Tips vom Bankberater keine Garantie für sichere Gewinne sind.

Wenn es wegen schlechter oder falscher Beratung tatsächlich zu einem Prozess kommt, macht es für erfahrene Anleger keinen Sinn, sich unwissend zu stellen. Solche Schutzbehauptungen lassen sich von einem Mitarbeiter des Geldinstituts, der als Zeuge auftritt und sich an zurückliegende Spekulationsgeschäfte erinnert oder auf entsprechende Depotauszüge verweisen kann, schnell entkräften.

Berater müssen auf Risiken hinweisen

Auch dann, wenn der Anleger bereit ist, ein Risiko einzugehen, muss ihn der Berater über den Umfang des Risikos aufklären. Gegebenenfalls muss sich der Berater sogar davon überzeugen, wie groß die Kenntnis seines Kunden von den jeweiligen Anlagen und den damit verbundenen Risiken ist.

Zur Beratungspflicht gehört vor allem bei unerfahrenen Anlegern, auf versteckte Risiken hinzuweisen. Angenommen, der Kunde wird zum Kauf von Anlagen in einer fremden Währung ermuntert, dann darf der Berater nicht nur auf die dort womöglich sogar garantierten sehr hohen Zinsen hinweisen. Er muss seinen Kunden vielmehr darüber aufklären, dass die Rendite bei solchen Papieren auch von den Wechselkursen am internationalen Währungsmarkt abhängig ist. Bei Anlagen in einer schwachen Währung müsste er seinen Kunden also davor warnen, dass er trotz hoher Verzinsung bei gleichzeitigem Kurssturz der Währung einen Verlust machen kann.

Allgemeiner Standard für die Risikoaufklärung
Das Bundesaufsichtsamt für Wertpapierhandel in Frankfurt hat einen Standard für die Risikoaufklärung der Kunden erlassen. Dieser enthält die wichtigsten Punkte, über die vor dem erstmaligen Kauf von Aktien und anderen Risikoanlagen Klarheit herrschen sollte. Vor allem soll danach auf folgende Risiken hingewiesen werden:
- Kursverluste
- Mangelnde Bonität des Emittenten
- Schlechte Liquidität des Emittenten
- Konjunkturelle Einflüsse
- Währungsschwankungen

Die meisten Geldinstitute haben diese Punkte in Broschüren oder Informationsblättern erläutert, deren Empfang der Kunde oft sogar quittieren muss. Außerdem verwenden viele Institute einen Fragebogen, in dem der Kunde seine eigenen Erfahrungen und Anlegeziele darlegen soll, um ihm gezielt die zusätzlich erforderlichen Informationen zukommen zu lassen.

Falsche Informationen nachträglich zu beweisen, ist schwierig.

Nicht nur Banken und Sparkassen sind zur Aufklärung verpflichtet, auch Wertpapierhändler oder andere Anlageberater können wegen mangelnder oder falscher Information haftbar gemacht werden.

Ein Fall aus der Praxis:
Im Lotto gewonnen – und zerronnen

Wie schnell sich ein Vermögen in Luft auflösen kann, zeigt exemplarisch der Fall eines Ehepaares aus Schleswig-Holstein, das einen Lottogewinn in Höhe von 2,8 Millionen DM zunächst als Spareinlage bei der örtlichen Hausbank deponierte. Die Eheleute waren begeistert, als sich ein Anlageberater anbot, erheblich höhere Zinsen herauszuholen. Sie nahmen dessen Angebot an und legten einen

Teil ihres Kapitals – aufgestockt durch einen Kredit – als Festgeld in ausländischen Währungen an. Außerdem wurden unter anderem Gold- und Silberminenaktien gekauft. Nach anfänglichen Gewinnen traten dabei aber erhebliche Verluste ein, für die das Ehepaar vom Anlageberater Schadenersatz verlangte – mit Erfolg.
Denn das Oberlandesgericht Schleswig (Aktenzeichen 4 U 108/94-11/96) stellte fest, dass der Berater seine Pflichten in erheblichem Umfang verletzt hatte. Eine Aufklärung über die erheblichen Risiken durch Fremdwährungsanlagen und ausländische Minenaktien war gar nicht erfolgt. Auch die Risikoerhöhung dadurch, dass 80 Prozent des Engagements kreditfinanziert waren, wurde nicht erläutert. Der Berater hatte dies vorgeschlagen mit Hinweis darauf, dass die fälligen Zinsen leicht aus den Erträgen zu zahlen wären.

Potenzierung des Risikos durch Kreditfinanzierung
Entscheidend für das verbraucherfreundliche Urteil war in diesem Fall, dass die Eheleute über keinerlei Vorkenntnisse verfügten. Auch wurde vom Gericht berücksichtigt, dass durch die Kreditfinanzierung der Anlagen eine Potenzierung des Risikos herbeigeführt wurde, die nicht nur zu einem Verlust des eingesetzten Kapitals, sondern darüber hinaus in eine Verschuldungssituation hätte führen können. Der Berater wurde vom Gericht zur Zahlung von Schadenersatz verurteilt.
Auch ein positives Urteil für den Anleger führt nicht zwangsläufig dazu, dass die eingesetzten Mittel als Schadenersatz erstattet werden. Handelt es sich bei der Beratungsfirma um eine GmbH mit dünner Eigenkapitaldecke, könnte eine Forderung uneinholbar werden, wenn die GmbH beispielsweise Konkurs anmeldet.

Experten-Tip

Vertrauen Sie nicht darauf, vor Gericht Ihr Recht zu bekommen. Informieren Sie sich bereits bei der Anlage möglichst umfassend über alle Risiken und Nachteile.

Bei Anlagen in fremden Währungen hat man immer das Risiko eines Währungsverlustes zu tragen, weil niemand genau voraussagen kann, wie sich die jeweilige Währung entwickeln wird.

URTEILE ZUR HAFTUNG BEI ANLAGEVERLUSTEN

Bei finanziellen Verlusten Schadenersatz von der Bank

Ein Geldinstitut muss den Kunden umfassend über Risiken bestimmter Anlageformen aufklären. Verlangt der Kunde ausdrücklich eine risikolose Anlage, darf die Bank nur solche Möglichkeiten empfehlen, bei denen keine Verluste entstehen können. Einem Frankfurter Bankkunden, der ausdrücklich »kein Risiko eingehen« wollte, dann aber bankeigene Rentenfonds angedreht bekam und in einem Jahr zehn Prozent des eingesetzten Kapitals verlor, wurde deshalb Schadenersatz zugesprochen (AG Frankfurt/Main, 31 C 3752/94).

Berater haften auch bei Wertpapierverkauf am Telefon

Wer sich am Telefon zum Kauf von Wertpapieren oder anderen Geldanlagen überreden lässt, kann bei Anlageverlusten Schadenersatz verlangen. Die Berater sind verpflichtet, unerfahrene Anleger über alle mit dem Geldeinsatz verbundenen Risiken aufzuklären. Wird das nicht getan, müssen sie zahlen (OLG Düsseldorf, 17 U 280/93).

Bank haftet nur, wenn Risiken verschwiegen werden

Um einen Kunden über die mit bestimmten Anlageformen verbundenen Verlustgefahren aufzuklären, genügt die Übersendung einer Informationsbroschüre. Das Geldinstitut ist nicht verpflichtet, den Anleger auch noch in einer mündlichen Beratung auf die Risiken hinzuweisen. Nur wenn die Bank den Kunden überhaupt nicht warnt und ihm keine Informationen zur Verfügung stellt, hat der Kunde Anspruch auf Schadenersatz für die entstandenen Anlageverluste (OLG Stuttgart, 9 U 185/94).

Banken sind zum Hinweis auf hohe Gebühren verpflichtet

Bei bestimmten Geldanlagen und Spekulationspapieren können erhebliche Gebühren für An- und Verkauf anfallen. Zum Teil sind diese Provisionen so hoch, dass eingesetztes Geld allein schon durch mehrmaligen Kauf und Verkauf von Papieren in erheblichem Umfang aufgezehrt werden kann. Auf dieses Risiko müssen unerfahrene Kunden von den Banken bzw. deren Mitarbeitern hingewiesen werden. Geschieht das nicht, ist die Bank zum Schadenersatz verpflichtet (BGH, XI, ZR 188/95).

Institute müssen Papiere prüfen

In einem Aufsehen erregenden Urteil hat der Bundesgerichtshof von den Instituten verlangt, sie müssten die Kunden nicht nur über Risiken aufklären, sondern die Qualität der angebotenen Papiere auch prüfen. Das Urteil bezog sich auf den Verkauf von Anleihen des australischen Pleiteunternehmers Alan Bond. Die wenig später völlig wertlosen Papiere waren von zahlreichen deutschen Instituten noch angepriesen und verkauft worden, als am internationalen Finanzmarkt bereits vor Bond gewarnt wurde. Der Hinweis darauf, dass die Papiere zum Börsenhandel zugelassen waren, entbindet die Bank nicht davon, eigene Prüfungen vorzunehmen (BGH, XI, ZR 12/93).

Schriftliche Prospekte müssen auch Negatives enthalten

Damit ein Prospekt den Vorschriften entspricht, darf er nicht wie eine Werbebroschüre zusammengestellt sein, in der nur positive Meldungen und Einschätzungen enthalten sind. Wenn z. B. in Wirtschaftsdiensten oder an anderer Stelle negative Beurteilungen zur Lage eines Unternehmens oder seiner Zahlungsfähigkeit gegeben werden, muss auch der Prospekt auf solche kontroverse Einschätzungen hinweisen (LG Frankfurt, 3/11 O 173/91).

Warnungen müssen deutlich sein

Bei Warentermingeschäften, wo nicht mit Aktien, sondern mit Rohstoffen (z. B. Getreide, Kautschuk, Baumwolle, Kakao) spekuliert wird, geht der Anleger ein erhebliches Risiko ein. Deshalb muss er entsprechend gewarnt werden. Solche erläuternden oder warnenden Hinweise müssen innerhalb eines Prospekts deutlich herausgestellt werden. Es ist nicht ausreichend, wenn darauf im Zusammenhang mit dem anderen Text hingewiesen wird und dies in beschönigender oder verschleiernder Weise geschieht (BGH, III, ZR 116/90).

Bankgeheimnis ist kein Schutzschild

Wenn ein Kunde – womöglich noch mit einer über Kredite finanzierten Anlage – sich an einem Projekt beteiligen will, von dessen Konkursreife die Bank bereits Kenntnis hat, muss sie ihm abraten bzw. darf sie entsprechende Kredite nicht genehmigen. Das Institut kann sich nicht damit herausreden, es hätte wegen des Bankgeheimnisses keine Angaben zur konkursreifen Firma machen dürfen. In solchen Fällen wird verlangt, dass die Interessen der konkursreifen Firma auf Geheimhaltung und die Interessen des Kunden auf Information und Schutz vor Verlust sorgfältig gegeneinander abgewogen werden (BGH, XI, ZR 308/89).

Schadenersatz auch für entgangene Zinsen

Wenn Bank oder Sparkasse ihre Kunden falsch berät und dadurch das eingesetzte Kapital ganz oder teilweise verloren geht, müssen beim Schadenersatz nicht nur die verlorenen Eigenmittel des Kunden ersetzt werden. Vielmehr hat der Kunde auch einen Anspruch darauf, dass ihm die wegen falscher Beratung entgangenen Zinsen erstattet werden. Die Höhe der Erstattungen richtet sich allerdings nicht nach den eventuell versprochenen (und womöglich unrealistisch hohen) Erträgen der jeweiligen Anlage, sondern nach den marktüblichen Zinssätzen (BGH, II, ZR 141/90).

AUF EINEN BLICK: DIE EMPFEHLUNGEN DER FACHLEUTE

Fassen wir an dieser Stelle nochmals zusammen, was Ihnen als Aktienanleger die Tips von Bankberatern und anderen Aktienfachleuten bringen:

Der Anlageberater Tips vom Anlageberater sollten Sie besser grundsätzlich misstrauen. Wenn Sie vielleicht etwas ratlos sind, nehmen Sie sich unbedingt die Zeit für umfassende eigene Recherchen, und versorgen Sie sich mit allen Informationen, die Sie für eine verantwortungsvolle Entscheidung benötigen. Schnellschüsse haben in der Regel keinen Sinn. Allenfalls können Sie sich vom Berater das aktuelle Kurs-Gewinn-Verhältnis (KGV) eines Papieres nennen lassen, das Sie interessiert. Ob Sie dieses Papier dann aber kaufen sollten, steht auf einem ganz anderen Blatt. Unser Tip: Lassen Sie sich von Ihrem eigenen Gefühl und nicht von Empfehlungen leiten. Entwickeln Sie Ihre eigene Strategie!

Einzelempfehlungen Was für die Anlageberatung allgemein gilt, gilt mutatis mutandis auch für Einzelempfehlungen. Empirische Untersuchungen aus den letzten Jahren haben eindeutig gezeigt, dass die Treffergenauigkeit der so genannten Experten fast durchwegs mäßig bis schlecht war. Idealerweise setzen Sie nie alles Geld auf ein einziges Papier, sondern streuen strategisch: beispielsweise nach Branchen (z. B. Lebensmittel, Autoindustrie, Banken/Versicherungen, Pharmatitel, Versorgerunternehmen) oder nach Ländern. Hier sollten Sie allerdings ein Währungsrisiko berücksichtigen.

Schadenersatz Bankberater sind gesetzlich dazu verpflichtet, Kunden auf Risiken hinzuweisen. Dies gilt ganz besonders für unerfahrene Kunden, also solche, die bislang nur in festverzinsliche Wertpapiere oder Sparbriefe investiert haben. Kommt eine Bank ihrer Beratungspflicht gegenüber einem unerfahrenen Anleger nicht nach, hat dieser vor Gericht gute Chancen auf Schadenersatz – allerdings sollten Sie sich darauf nicht verlassen.

Risiken Dass jeder Aktienkauf ein Risiko ist, wissen Sie mittlerweile. Die Risiken beziehen sich unter anderem auf Kursverluste, konjunkturelle Einflüsse, Währungsschwankungen und Zinsveränderungen. Wir wiederholen an dieser Stelle noch einmal unsere Faustregel: Sobald abzusehen ist, dass die Zinsen steigen, lohnt sich der Einstieg in ein Aktienengagement nicht mehr. Wir gehen davon aus, dass nach der Einführung des Euro in Europa mit höheren Zinsen zu rechnen sein wird.

Anlagen in Fremdwährungen Wer sein Geld (oder einen Teil davon) in fremden Währungen anlegt, geht in jedem Fall ein erhöhtes Risiko ein. Gerade der Dollar unterlag in den letzten Jahren starken Schwankungen. Allein im Zeitraum zwischen Anfang Juni und Mitte August schwankte er um zwanzig Pfennige zwischen 1,68 und 1,88 DM. Zwar spricht gegenwärtig manches dafür, dass beispielsweise der Euro in den ersten Jahren nach seiner Einführung unter Abwertungsdruck geraten und der Dollar zur Fluchtwährung werden könnte – dennoch ist und bleibt jede Währungsspekulation Risiko, das gut überlegt und kalkuliert sein will.

Europäische Börsen Gut vorstellbar ist, dass nach Einführung des Euro die Börsen in unseren europäischen Nachbarländern gute Chancen bieten. Allerdings ist auch hier wieder eine verantwortungsbewusste Risikoabwägung vorzunehmen.

Experten-Tip

Wer sein Geld gut in Aktien anlegen will, kommt unter dem Strich nicht daran vorbei, sich selbst optimal mit Informationen zu versorgen.

AKTIENFONDS – SCHON MIT WENIG GELD AN DER BÖRSE VERDIENEN

Für einen Hundertmarkschein sind meist nur wenige Aktien zu haben. Dann wäre man zwar auch Teilhaber – aber Einfluss hätte man nicht. Und ein größerer Gewinn wäre auch kaum möglich. Hohe Gebühren bei Kauf und Verkauf würden so deutliche Kursgewinne erforderlich machen, dass man bis zum Sankt Nimmerleinstag warten müsste, um in die Gewinnzone zu kommen.

Das alles wissen Sie aber bereits aus den vorigen Kapiteln. Könnte man daraus also das Fazit ziehen, dass sich eine Aktienanlage für den Normalverdiener gar nicht lohnt? Schließlich müsste jemand, der sich ein Depot mit der Mischung des DAX® zusammenstellen wollte, zwischen 60.000 und 80.000 DM ausgeben. Was also tun? Die Lösung sind Investmentfonds. Die Fondsgesellschaften kaufen für das Geld der Anleger Aktien und spekulieren damit.

Die Vorteile von Investmentfonds

Für den Anleger ergeben sich aus einer solchen Investition mehrere eindeutige Vorteile:

Zunächst muss er sich selbst praktisch gar nicht um das Geschehen an der Börse kümmern. Allenfalls am Anfang, nämlich beim Kauf der Fondsanteile, muss er eine Entscheidung zur Auswahl des Fonds treffen. Und dann genügt es, sich in größeren Abständen, z. B. einmal jährlich, ein Bild von der Performance des Fonds zu machen, also den Erfolg der Fondsmanager zu kontrollieren.

> **Anders als bei Aktien ist es auch möglich, z. B. 0,78 Fondsanteile zu erwerben.**

Ein weiteres Plus ist, dass Fondsanteile schon für unter 100 DM und auch per Dauerauftrag gekauft werden können. Es ist also jederzeit möglich, z. B. monatlich 50 DM in einen Fondssparplan einzuzahlen. Dafür gibt es dann allerdings oft keinen ganzen Fondsanteil.

Und schließlich bekommen Fondsmanager am deutschen Markt einen ständig wachsenden Einfluss, weil sie zum Teil große Stimmrechtpotenziale in den Hauptversammlungen einbringen können. Und weil ihr persönlicher Erfolg vom erwirtschafteten Erfolg für den Anleger abhängt, kann sich der Anleger auf dem Umweg über die Hauptversammlung dort auch gut vertreten fühlen. Deutsche Manager werden es künftig nicht mehr so leicht haben, trotz Erfolglosigkeit alle Abstimmungen in den Hauptversammlungen nach eigenem Wunsch gestalten zu können.

Sogar das *Manager-Magazin* warnte seine Leser im August 1997 vor den zu erwartenden Entwicklungen: »Internationale Fonds gegen deutsche Manager – Großanleger greifen an!« Da wird sich so mancher erfolglose Manager umstellen oder seinen Hut nehmen müssen – aber die Anleger dürfen hoffen.

Die Nachteile von Investmentfonds

Das klingt nun alles ganz gut – aber Licht zieht bekanntlich auch immer Schatten nach sich. Und deshalb sollte man sich auch über die Nachteile eine Fondsanlage klar sein:

Zunächst einmal hat der einzelne Anleger keinen direkten Einfluss darauf, in welche einzelnen Papiere sein Geld investiert wird. Er kann zwar durch die Wahl des Fonds entscheiden, ob z. B. überwiegend in deutsche oder andere Aktien investiert wird, welche Branchen bevorzugt werden. Aber letztlich entscheidet nicht er, sondern das Fondsmanagement darüber, was gekauft oder verkauft wird.

Der Anleger kann auch nicht in jedem Fall davon ausgehen, dass das Fondsmanagement allein seine Interessen vertritt. Zwar hat sich in den letzten Jahren einiges zum Vorteil des Anlegers gewendet – aber in der Vergangenheit gab es auch schon Fälle, in denen womöglich aufgrund von Verflechtungen zwischen Banken und Fondsgesellschaften, die in den meisten Fällen Banken-Töchter sind, Anlageentscheidungen getroffen wurden, die zwar für die jeweilige Bank, nicht aber für Anleger und Performance des Fonds von Vorteil waren.

Und schließlich zahlt der Anleger bei jedem einzelnen Kauf von Anteilen einen Ausgabeaufschlag, das so genannte Agio. Würde er einen Fondsanteil kaufen und am nächsten Tag wieder verkaufen, hätte er – keine Kursbewegung vorausgesetzt – einen Verlust in Höhe von etwa zweieinhalb bis über sieben Prozent zu tragen, nämlich den Ausgabeaufschlag auf den Verkaufspreis. Bis der Ausgabeaufschlag wieder amortisiert ist, kann ein Jahr vergehen.

Zusätzlich sind unterschiedlich hohe Verwaltungs- oder Depotgebühren fällig.

Vorteile von Aktienfonds	Nachteile von Aktienfonds
• Der Anleger muss sich selbst um nichts kümmern. • Anteile können schon für unter 100 DM gekauft werden. • Fondsmanager üben ihr Stimmrecht für den Anleger aus.	• Es wird ein Ausgabeaufschlag fällig. • Der Anleger hat keinen direkten Einfluss, welche Papiere gekauft werden. • Nicht alle Fondsmanager vertreten ausschließlich die Interessen des Anlegers.

Vorläufig können wir also feststellen: Eine Anlage in Aktienfonds ist nicht dazu geeignet, um kurzfristig an der Börse zu spekulieren. Investmentfonds sind eine Anlage, die erst ab Zeiträumen von etwa drei, besser noch fünf Jahren interessant wird.

Der Bluff mit dem tollen Wertzuwachs

Erfahrene Anleger registrieren es nur mit Kopfschütteln, wenn einige Fondsmanager mit ihren Erfolgen für Zeiträume von drei oder sechs Monaten werben oder irgendwelche Fondshitlisten monatlich aktualisiert werden.

Experten-Tip

Lassen Sie sich von kurzfristigen Erfolgsmeldungen nicht übermäßig beeindrucken. Denn sensationeller Wertzuwachs in wenigen Monaten lässt zumeist darauf schließen, dass mit hohem Risiko angelegt wird – also auch kurzfristig unter Umständen hohe Verluste eintreten können.

Besonders fragwürdig ist es, wenn die Wertentwicklung auf der Basis bestimmter frei gewählter Stichtage angegeben wird, beispielsweise von irgendeinem Tag im Februar bis zu irgendeinem anderen Tag im Juni. Vor allem amerikanische und englische Fondsgesellschaften erwecken oft den Eindruck, dass bei ihnen eine schnellere Mark zu machen ist. Tatsächlich aber sind die mittel- oder langfristigen Erfolge der deutschen Investmentgesellschaften nicht schlechter. Allerdings hat die deutsche Investmentbranche über

Jahrzehnte nur ein Schattendasein gefristet. Denn erstens vertreiben die deutschen Fondsgesellschaften ihre Produkte nur innerhalb der Landesgrenzen – kaum jemand außerhalb Europas kann deshalb etwas mit den Namen Adig, Deka, DIT, DWS oder Union anfangen –, obwohl diese Firmen zu den größten Fondsgesellschaften hierzulande zählen. Außerdem haben z. B. in den USA oder in England die Fondsanlagen eine weitaus größere Tradition:

Ein deutscher Durchschnittsanleger   hatte 1997 gerade mal rund 5.000 DM in Investmentfonds angelegt.

Ein amerikanischer Durchschnittsanleger   verfügte über ein Investmentkapital von 23.000 DM.

Gerade weil die Investmentanlage in Deutschland bisher noch nicht den Stellenwert wie in anderen Ländern eingenommen hat, werden ihr die besten Zukunftsaussichten bescheinigt. Ein Hauptgrund dafür ist, dass nach dem erkennbaren Fiasko der gesetzlichen Rentenversicherungen die Fonds in den Mittelpunkt des Interesses bei der Suche nach guter privater Altersvorsorge rücken.

DEUTSCHE ODER AUSLÄNDISCHE FONDS-GESELLSCHAFTEN – GIBT ES DA UNTERSCHIEDE?

Nach dem Gesetz über Kapitalanlagegesellschaften haben die deutschen Investmentgesellschaften denselben Status wie Kreditinstitute. Für ihre Geschäfte benötigen sie eine Erlaubnis des zuständigen Bundesaufsichtsamts.

Der Anleger wird bei diesen Unternehmen nicht Miteigentümer an der Gesellschaft selbst, sondern sein Geld fließt in ein Sondervermögen – dies ist dann der jeweilige Fonds. Geld der Anleger und das Vermögen der Anlagegesellschaft sind also getrennt. Anleger

Fondsgesellschaften unterliegen der laufenden Kontrolle des Staates.

haften also nicht mit ihrem in die Fonds investierten Geld für Verpflichtungen der Anlagegesellschaft. Ebenso sind die einzelnen Fonds voneinander getrennt. Es kann nicht passieren, dass die Gewinne des einen Fonds verwendet werden, um die Verluste eines anderen auszugleichen.

In Luxemburg geführte Tochtergesellschaften

Ausländische Fondsgesellschaften können ebenso organisiert sein wie deutsche. Das ist beispielsweise der Fall bei den aus Luxemburg operierenden Tochtergesellschaften deutscher Banken. Es sind aber auch gänzlich andere Organisationsformen möglich. So kann z. B. eine ausländische Fondsgesellschaft als Aktiengesellschaft operieren, an der sich der Anleger durch Kauf von Aktien beteiligt. Die Firma kauft dann wiederum selbst Wertpapiere. Und an diesem Vermögen ist der Anleger über seine Beteiligung an der Aktiengesellschaft Teilhaber. Die Engagements werden also nicht als Sondervermögen gehalten, sondern es gibt quasi nur einen großen Topf, aus dem heraus die Gesellschaft wirtschaftet.

Risiken bei Anlagefirmen

Weil auch ausländische Fonds den Vertrieb in Deutschland beim Bundesaufsichtsamt anzeigen müssen, geht der Anleger dort grundsätzlich kein größeres Risiko ein. Risiken können sich aber aus der Firmierung einer Anlagefirma als Aktiengesellschaft ergeben, weil – darauf haben wir schon hingewiesen – eine AG nicht automatisch auch Garantie für Seriosität bietet.

WORAUF SOLLTEN SIE BEI IHRER FONDS-AUSWAHL ACHTEN?

Weit über 2.000 verschiedene Fonds werden in Deutschland angeboten. Schon diese Zahl macht deutlich, dass die Auswahl des Fonds ebenso schwierig ist wie die Auswahl einer bestimmte Aktie. Die erste Grundsatzentscheidung gilt zunächst einmal dem Markt. Worauf wollen Sie als Anleger setzen: auf Aktien in Deutschland, in Europa? Soll der Fonds schwerpunktmäßig mit amerikanischen oder asiatischen Aktien handeln? Versprechen Sie sich die größten Erfolge, wenn nur auf bestimmte Branchen wie z. B. Kommunikation oder Chemie gesetzt wird?

Die verschiedenen Anlagegrundsätze der Fonds
Mit der Auswahl für einen bestimmten Fonds entscheiden Sie sich als Anleger immer auch für eine bestimmte Vermögensstruktur und für Anlagegrundsätze, die aus den jeweiligen Prospekten zum Fonds klar hervorgehen müssen. Beispiel: Internationale Aktienfonds sind gemäß ihrer Prospekte verpflichtet, 80 bis 100 Prozent

der Anlegergelder weltweit in Wertpapiere zu investieren. Ein Teil des Kapitals wird immer mal wieder auch anders angelegt (z. B. in festverzinslichen Wertpapieren) und quasi geparkt, damit die Fondsmanager liquide für neue Engagements sind. In vielen Fällen ist aus dem Prospekt auch erkennbar, welche Anteile bestimmte Aktienmärkte innerhalb der Vermögensstruktur einnehmen sollen. Da kann z. B. festgeschrieben sein, dass mindestens 20 oder 25 Prozent des Fondsvermögens in deutsche Aktien investiert wird oder dass der Fonds sich nicht in Schwellenländern engagiert (wegen des größeren Risikos).

Experten-Tip

Orientieren Sie sich bei Ihrer Entscheidung für einen bestimmten Fonds nicht nur am Wertzuwachs, sondern prüfen Sie die Anlagepolitik des Fonds. So fließen in einen international anlegenden Aktienfonds auch Währungsrisiken (oder -chancen) ein. Und auf bestimmte Branchen ausgerichtete Fonds können (z. B. durch Verbesserung oder Verschlechterung der Exportchancen für die jeweilige Branche) ganz andere Wertentwicklungen aufzeigen als ein Gesamtindex.

An der Anlagepolitik eines Fonds lässt sich leicht erkennen, in welche Gruppe er einzureihen ist. Folgende Fondsgruppen lassen sich unterscheiden:

Standard-Aktienfonds Sie kaufen vorzugsweise Standardwerte (so genannte Blue Chips) in Deutschland, also z. B. werden Aktien vorzugsweise in DAX®-Werte bzw. die 100 wichtigsten Werte der Deutschen Börse (M-DAX®) investiert.

Spezial-Aktienfonds Sie konzentrieren sich bei ihrer Anlagepolitik immer auf bestimmte Marktsegmente, betreiben also bereits eine recht gezielte Anlagepolitik. Hier kann man nochmals unterscheiden:

- Aktien-Indexfonds: Sie versuchen mit der Anlagestruktur einen bestimmten Index (DAX®, Dow Jones usw.) nachzubilden.
- Branchenfonds: Sie investieren nur in die Werte bestimmter Industriezweige, ebenso könnte eine Ausrichtung nur auf bestimmte Erfolg versprechende Wirtschaftssektoren (Energie, Kommunikation, Chemie) erfolgen.

- Small-Cap-Fonds: Sie konzentrieren sich auf die Werte kleiner oder mittlerer Unternehmen, bilden also quasi ein Gegengewicht zu den Standard- oder Indexfonds.

Gemischte Fonds Sie legen nur einen Teil des Geldes in Aktien an, engagieren sich außerdem in Rentenwerten (festverzinsliche Wertpapiere), wobei auch da noch Unterscheidungen getroffen werden können. Denn manche dieser Fonds nutzen auch die Möglichkeiten an den Termin- und Optionsbörsen oder engagieren sich außer in Aktien auch in Wandel- und Optionsanleihen.

Spezialitäten-Fonds Sie weisen im Normalfall kaum eine Risikostreuung auf, weil sie sich auf ganz bestimmte Marktsegmente oder Instrumente konzentrieren, das können z. B. nur Options- oder Genussscheine sein, Verkaufsoptionen auf einen Index usw. Für einen Anleger, der gerade wegen der Risikostreuung nicht in einzelne Aktienwerte gehen will, sondern sich für eine Fondsanlage auch unter dem Gesichtspunkt der Risikostreuung entscheidet, wäre dies dann genau die falsche Entscheidung.

Auch wenn Ihnen nun vielleicht schon der Kopf brummt – leider gibt es noch weitere Unterscheidungsmerkmale. Denn bei all den aufgezählten Fonds ist jeweils auch noch immer der »geografische Anlagehorizont« zu berücksichtigen, wie die Experten das nennen. Im Klartext: All die aufgezählten Fonds lassen sich dann noch nach folgenden Kriterien unterscheiden:

- Länderfonds
- Regionen- oder Hemispärenfonds (z. B. für Europa, Asien, Nordamerika usw.)
- Internationale Fonds
- Emerging-Markets-Fonds (für Anlagen in Schwellenländern)

Und dann müssen Sie als Anleger noch berücksichtigen, ob Sie regelmäßige Ausschüttungen der Erträge wünschen (ausschüttende Fonds) oder ob Sie (dann erst beim Verkauf) vom Wertzuwachs profitieren und solche Fonds kaufen wollen, die alle Erträge gemäß ihrer Anlagestrategie wieder investieren (thesaurierende Fonds). Die folgende Übersicht macht deutlich, welche Unterscheidungen der Anleger grundsätzlich bei der Fondsauswahl treffen kann.

Gerade für den Einsteiger und für den Normalverdiener ist es vor allem wichtig, das Risiko möglichst klein zu halten. Eine breite Streuung wäre deshalb immer zu bevorzugen. In den Übersichten auf den Seiten 149–151 wurden deshalb ganz bewusst nur solche

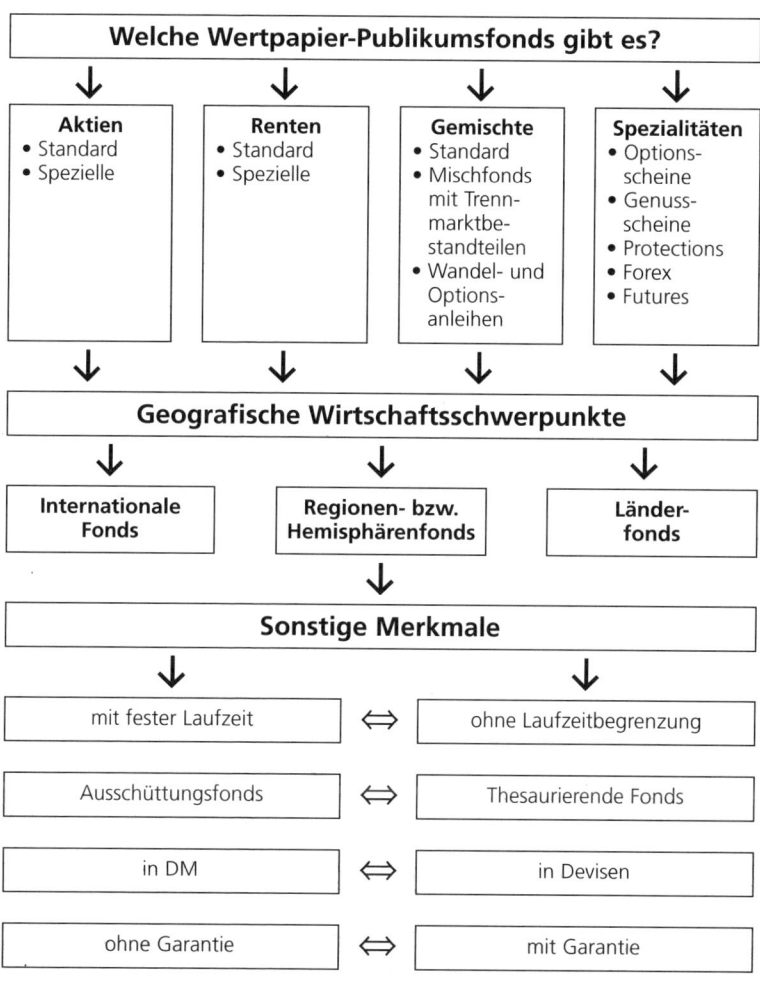

Fonds zusammengestellt, die lediglich eine geringe Spezialisierung aufweisen, außerdem sind alle diese Fonds zum Vertrieb in Deutschland zugelassen.

Daneben gibt es weitere seriöse Fondsgesellschaften, die wir aber nicht alle nennen können. Hingewiesen sei an dieser Stelle aber auch auf ausländische Gesellschaften wie Fidelity oder Templeton Global Strategy.

Fonds mit Garantie – was bringt das dem Anleger?

»Vollkasko-Geldschutz« – so lautet das Schlagwort, bei dem viele Anleger aufhorchen: Als z. B. vor einiger Zeit die Commerzbank erstmals für einen Aktienfonds mit tollen Gewinnchancen und ohne Verlustrisiko warb und dafür mit dem Begriff »Vollkasko« die Werbetrommel rührte, waren innerhalb weniger Tage Anteile im Wert von einer Milliarde DM verkauft. Was steckt hinter solchen Angeboten?

Zunächst einmal ist die mittlerweile häufig angebotene Anlageform gar nicht wirklich neu. Denn die Fonds mit Garantie gibt es schon seit Jahren im Programm verschiedener Anlagegesellschaften. Garantiert keine Verluste beim eingesetzten Geld werden den Anlegern versprochen – trotzdem kann man spekulieren, durch den Kauf der Fondsanteile an steigenden Aktienkursen verdienen.

Garantiefonds

Das Prinzip der Garantiefonds ist, dass die Fondsmanager ihre Spekulationen durch den gleichzeitigen Kauf von Optionsscheinen absichern.

Funktionieren kann dieses Prinzip deshalb, weil sich Kursschwankungen über längere Zeit immer wieder ausgleichen. Die Angebote sind also seriös – aber sie haben trotzdem einen kleinen Haken: Das eingesetzte Geld gibt es nur dann in voller Höhe zurück, wenn man seine Fondsanteile für die vorher vereinbarte Laufzeit von drei oder vier Jahren behält. Wer vorher zum Zeitpunkt erheblicher Kursverluste aussteigen muss, weil er sein Geld benötigt, riskiert erhebliche Verluste.

Mögliche Gewinne für die Anleger können zwar bis zu 50 Prozent betragen. Aber selbst bei einer Hausse am Aktienmarkt steigt der Kurswert dieser Vollkaskofonds nie so schnell wie der Aktienindex. Grund: Ein Teil des Gewinns wird immer durch den Kauf der Papiere aufgefressen, mit denen die Bank sich gegen das Verlustrisiko absichert. Neuerdings wirbt auch die Hypobank mit einem Vollkaskofonds ganz speziell für europäische Aktien. Voraussetzung ist, dass man seine Anteile über die gesamte Laufzeit des Fonds behält.

Auch bei Investmentfonds verdienen immer andere mit

Wie wichtig gerade bei der Fondsauswahl die Beratung zu Risiken und Anlageschwerpunkten ist, haben wir bereits dargestellt. Aber spätestens beim Gespräch mit der Bank oder der Sparkasse wird man oft feststellen, dass der Berater bei der Frage nach manchen Fonds nur säuerlich lächelt, diese Fonds angeblich nicht beschaffen oder die Fragen des Anlegers nur mangelhaft beantworten kann. Der Grund ist einleuchtend: In den Filialen der Deutschen Bank beispielsweise wird man Ihnen nur die Produkte der konzerneigenen DWS-Gruppe anbieten – ebenso wie jedes andere Geldinstitut versuchen wird, den Anleger vom Kauf der Produkte eines Konkurrenzunternehmens abzubringen.

Konkurrenz für Banken und Sparkassen

Nun sind aber durch das zuletzt stark gestiegene Interesse der Anleger an Fonds längst nicht mehr nur Banken und Sparkassen Ansprechpartner, sondern sie haben Konkurrenz bekommen. Folgende Personen und Gesellschaften treten als Konkurrenten auf:
- Freie Finanzvermittler
- Versicherungsagenten
- Vermögensberater
- Kleine Privatbanken ohne Konzernbindung
- Spezialisierte Fondsboutiquen oder -shops
- Direktbanken (Telefonbanken)
- Die Fondsgesellschaften selbst

Abhängig von der Adresse ist auch die Beratungsqualität: Eine Großbank wird immer die hauseigenen Produkte in den Vordergrund stellen. Der Versicherungsvertreter dagegen wird sich wahrscheinlich bei seinen Empfehlungen danach richten, wo er die höchste Provision zu erwarten hat – schließlich arbeitet er ja beim Verkauf seiner Policen nicht anders. Im Wesentlichen wird der Anleger mit einem der beiden folgenden Gebührenmodelle konfrontiert:

Neben dem Anleger verdienen immer andere mit – ebenso wie bei den Aktien.

Fonds mit Ausgabeaufschlag   Sie finanzieren über das Aufgeld zwischen Verkaufs- und Rücknahmepreis in erster Linie den Vertrieb und die Beratung des Anlegers. Dort, wo auf Beratung verzichtet wird, also bei Direktbanken und Discount-Brokern der Fondsshops, wird der Anleger meistens einen Rabatt auf den Ausgabeaufschlag von bis zu 75 Prozent erhalten. Außerdem lassen sich Rabatte immer dann heraushandeln, wenn größere Beträge angelegt werden sollen. Die Höhe des Ausgabeaufschlags variiert stark. Sie können sich an folgenden Richtwerten grob orientieren:

- Aktienfonds zwischen 2,0 und 7,5 Prozent
- Rentenfonds zwischen 2,0 und 4,0 Prozent
- Offene Immobilienfonds zwischen 5,0 und 5,5 Prozent
- Geldmarkt- und geldmarktnahe Fonds zwischen 0 und 1 Prozent.

Zusätzlich muss der Anleger noch für die Managementleistung bezahlen, hierfür wird dann eine jährliche Verwaltungsgebühr berechnet. Sie beträgt zwischen 0,3 und 1,5 Prozent.

Fonds ohne Ausgabeaufschlag Sie werden mittlerweile von allen großen Investmentgesellschaften angeboten. Ein Sonderangebot stellen sie aber nicht unbedingt dar, weil nämlich (ähnlich wie bei Versicherungen) der Vertrieb über eine Art Bestandsprämie finanziert und den Verläufern jährlich vergütet wird. Der Anleger muss deshalb eine Verwaltungsgebühr bezahlen, die normalerweise zwischen 0,25 und 1,5 Prozent höher ausfällt als bei den Fonds mit Ausgabeaufschlag.

Direktbanken als preiswerte Fondsverkäufer

Vor allem die Direktbanken sind in den letzten Jahren zu den preiswertesten Fondsverkäufern geworden. Sie bieten zwar keine Beratung an, informieren die Anleger aber durch eine Vielzahl zum Teil hervorragender Broschüren und leisten damit oft bessere Aufklärung, als dies in einem hastigen und schlecht geführten Beratungsgespräch stattfinden kann. Fondskäufer sollten sich deshalb bei den auf Seite 145 genannten Instituten informieren. Interessante Angebote können auch von den Vertreibern eingeholt werden.

Praktisch alle Geldinstitute bieten die Möglichkeit, Investmentfonds-Sparpläne abzuschließen.

Vermögensaufbau mit lukrativen Investmentfonds-Sparplänen

Als einer der wesentlichen Vorteile von Fonds wurde bereits genannt, dass sich der Anleger auch mit kleinen Beträgen in Fonds engagieren kann. Und dieses Engagement kann auch regelmäßig erfolgen.

Preiswerte Anbieter von Investmentfonds		
AAV Peter Weber	Aalen	0 73 61 / 68 04 75
ABS-Service	Aachen	02 41 / 4 46 77 33
Discount-Fonds-Shop	Riesa/Sachsen	0 35 25 / 5 00 60
Dr. Sievert & Partner	Kiel	04 31 / 67 40 08
Investmentfonds (Discount)	Mainz	0 18 05 / 35 26 26
Portfolio Concept	Köln	02 21 / 48 30 74
Sauren Finanzdienstleistung	Stolberg	0 24 08 / 54 77
SJB	Korschenbroich	0 21 82 / 85 20
Wagner & Wildhagen	Bremen	04 21 / 6 93 02 24

Wie aus 50 DM in 20 Jahren 30.000 DM werden können

Entscheidender Vorteil ist, dass auch wenig Geld regelmäßig (wie z. B. bei Lebensversicherungen) angelegt werden kann. Beispiel: Man will monatlich 50 DM anlegen. Das Geld wird vom Konto abgebucht, dafür erwirbt man Fondsanteile. Kostet ein Anteil mehr als 50 DM, macht das gar nichts: Dann bekommt man monatlich eben nur 0,7 oder 0,9 Anteile gutgeschrieben. Auch kein Problem ist es, wenn manche Fonds Mindesteinzahlungen von 100 oder 200 DM verlangen: Dann wird viertel- oder halbjährlich gekauft.

Wenn Eltern oder Großeltern zur Geburt eines Kindes oder Enkelkindes einen solchen Sparplan für beispielsweise 20 Jahre abschließen und alle zwischenzeitlich anfallenden Erträge wieder angelegt werden (geht automatisch), dann beträgt das Fondsvermögen am 20. Geburtstag zwischen 25.000 und 30.000 DM.

Aber es kann noch besser kommen: Bleibt dieses Geld unangetastet, verdoppelt es sich alle zehn Jahre. Zu seinem Rentenbeginn mit 65 besäße das Kind ein Vermögen von deutlich über einer halben Million.

Wie Sie Millionär werden können

Millionär kann werden, wer ab dem 20. Lebensjahr selbst weiter einzahlt. Beispiel: Monatszahlungen werden immer dem Einkommen angepasst (100 DM bis zum 30. Geburtstag, dann alle zehn Jahre um 100 DM anheben). Mit 65 Jahren ergibt das ein Fondsvermögen von 1.200.000 (1,2 Millionen) DM.

Altersvorsorge durch Investmentsparen: als Millionär in den Ruhestand

Um den Zinseszinseffekt darzustellen, wurde das Endergebnis für Einzahlungen über verschiedene Anlagezeiträume ermittelt. Ausgegangen wurde dabei von einer eher unterdurchschnittlichen Rendite von sieben Prozent jährlich und davon, dass während des gesamten Betrachtungszeitraums alle Erträge wieder angelegt wurden.

Bis zum 20. Lebensjahr werden von Eltern oder Großeltern **monatlich 50 DM** eingezahlt – ohne weitere Einzahlungen und bei einer Rendite von jährlich sieben Prozent stehen dann zum **65. Geburtstag** (Rentenbeginn) aus eigenen Einzahlungen und Wertzuwachs zur Verfügung:

↓

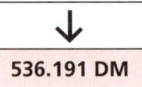

536.191 DM

Vom 20. bis zum 30. Lebensjahr werden vom Berufstätigen selbst **monatlich 100 DM** eingezahlt – ohne weitere Einzahlungen und bei einer Rendite von jährlich sieben Prozent stehen aus den Einzahlungen über diesen Zehnjahreszeitraum **zum 65. Geburtstag** (Rentenbeginn) aus eigenen Einzahlungen und Wertzuwachs zur Verfügung:

↓

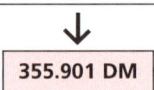

355.901 DM

Vom 30. bis zum 40. Lebensjahr werden vom Berufstätigen selbst **monatlich 200 DM** eingezahlt – ohne weitere Einzahlungen und bei einer Rendite von jährlich sieben Prozent stehen aus den Einzahlungen über diesen Zehnjahreszeitraum zum 65. Geburtstag (Rentenbeginn) aus eigenen Einzahlungen und Wertzuwachs zur Verfügung:

↓

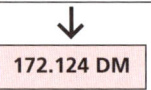

172.124 DM

Vom 40. bis zum 50. Lebensjahr werden vom Berufstätigen selbst **monatlich 300 DM** eingezahlt – ohne weitere Einzahlungen und bei einer Rendite von jährlich sieben Prozent stehen aus den Einzahlungen über diesen Zehnjahreszeitraum **zum 65. Geburtstag** (Rentenbeginn) aus eigenen Einzahlungen und Wertzuwachs zur Verfügung:

↓

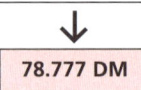

78.777 DM

Vom 50. bis zum 65. Lebensjahr werden vom Berufstätigen selbst **monatlich 400 DM** eingezahlt – ohne weitere Einzahlungen und bei einer Rendite von jährlich sieben Prozent stehen aus den Einzahlungen über diesen Zehnjahreszeitraum **zum 65. Geburtstag** (Rentenbeginn) aus eigenen Einzahlungen und Wertzuwachs zur Verfügung:

↓

31.298 DM

Gesamtvermögen zum 65. Geburtstag: 1.174.291 DM

INVESTMENTSPAREN MIT VERMÖGENSWIRKSAMEN LEISTUNGEN

Weit über die Hälfte aller Arbeitnehmer können von der Möglichkeit profitieren, aus vermögenswirksamen Leistungen der Firma ein Investment-Sparvermögen von rund 250.000 DM aufzubauen. Denn sie haben nach Tarif- oder Arbeitsverträgen bzw. Betriebsvereinbarung Anspruch auf maximal 78 DM pro Monat als vermögenswirksame Leistung – zusätzlich zum Gehalt. Das klingt zwar nach »Kleingeld«, aber auch daraus lässt sich etwas machen.

Maximale vermögenswirksame Leistung des Arbeitgebers

Der erste Schritt für Sie ist der Gang in die Personalabteilung oder ins Lohnbüro. Dort erfahren Sie, wie hoch die maximalen vermögenswirksamen Leistungen des Arbeitgebers für Sie ausfallen. Nächster Schritt: Sie schließen einen Investmentfonds-Sparplan ab. Ihr Arbeitgeber bekommt eine Kopie des Vertrages und überweist nun monatlich die vermögenswirksamen Leistungen an die Investmentgesellschaft. Geld vom Staat bekommen Sie für die Einzahlungen in den Aktienfonds zusätzlich, wenn Ihr

Mit Investmentsparen können Sie bequem etwas für Ihre Rente tun.

zu versteuerndes Einkommen pro Jahr unter 27.000 DM (Verheiratete: 54.000 DM) liegt. Ihnen wird eine Arbeitnehmer-Sparzulage von maximal 94 DM pro Jahr gezahlt. Auch das klingt zwar noch nach Kleingeld. Und viele verdienen mehr, haben diesen Anspruch nicht – aber das macht nichts. Jetzt geht es erst richtig zur Sache, wobei wir sogar ohne die staatliche Zulage rechnen.

Mit 260.000 DM in den Ruhestand

Nach sechs Jahren Einzahlung (5.616 DM vom Chef) und einem Jahr Wartezeit beträgt Ihr Fondsvermögen mit 7,6 Prozent Wertzuwachs (pro Jahr) schon rund 7.600 DM. Diese lassen Sie auf Ihrem Investmentkonto stehen. Zum Ende des sechsten Jahres schließen Sie einen Folgevertrag, in den wieder der Chef die vermögenswirksamen Leistungen zahlt. Und so geht es immer weiter, bis zum Rentenbeginn mit 65. Investmentanteile im Wert von 260.000 DM stehen dann auf Ihrem Konto, wenn der erste Sparvertrag mit 23 Jahren abgeschlossen wurde. Das war die magische Rechnung, die unser Finanzcomputer ausgespuckt hatte. Bei Geringverdienern kämen als Zulage vom Staat noch etliche Tausender hinzu – aber die wollten wir hier ja nicht berücksichtigen …

INVESTMENTSPAREN ALS ALTERNATIVE ZUR KAPITALLEBENSVERSICHERUNG

Zur Altersvorsorge eignet sich Investmentsparen wegen der höheren Rendite und wegen der neuen Versteuerung von Gewinnen aus Lebensversicherungen besser – das lässt sich eindeutig mit Zahlen belegen, auch wenn die Versicherungsgesellschaften natürlich fleißig Gegenargumente bringen. Hauptargument der Lebensversicherungen: Bei ihnen sichert man seine Familie ab, spart quasi nebenbei für die mittlerweile unverzichtbare eigene Altersvorsorge an. Aber Vorsorge und Risikoabsicherung lassen sich auch anders erreichen – mit viel besseren Ergebnissen.

Erster Schritt Sie schließen eine Risikolebensversicherung mit Berufsunfähigkeitszusatz ab – das kostet bei Absicherung mit 100.000 DM für den Todesfall und monatlicher Invalidenrente von 2.000 DM ab 50 DM im Monat (für Dreißigjährige, z. B. bei Ontos, Europa). Damit sind Sie schon mal besser geschützt als bei Kapitallebensversicherungen, die normalerweise nie bei Invalidität zahlen.

Zweiter Schritt Sie schließen einen Investmentsparvertrag (siehe vorstehende Musterrechnungen). Je nach Beginn und Höhe der Einzahlungen fällt dann das Ergebnis aus. Und obwohl Sie besser geschützt sind als durch eine normale Lebensversicherung, haben Sie mit 65 Jahren ein größeres Vermögen zur Verfügung als bei einer normalen Kapitallebensversicherung.

Weiterer Vorteil Beim Investmentsparvertrag kann mit den Zahlungen auch vorübergehend ausgesetzt werden oder eine Teilauszahlung in Anspruch genommen werden. Bei Lebensversicherungen ist dies nicht oder nur durch Verzicht auf Überschussanteile und meist mit erheblichen Verlusten möglich.

INVESTMENTFONDS IM VERGLEICH

Die folgenden Übersichten wurden nach Unterlagen des Bundesverbandes Deutscher Investmentgesellschaften (BVI) zusammengestellt, der Wertzuwachs wurde nach BVI-Methode (Wiederanlage aller Erträge) ermittelt. Um auch jüngere Fonds zu berücksichtigen, wurde bei spezialisierten Anlageschwerpunkten der Wertzuwachs auch für kürzere Zeiträume ermittelt, obwohl wir eine Anlage für den Zeitraum von nur drei Jahren für nicht sinnvoll halten.

Aktienfonds mit Anlageschwerpunkt Deutschland

Ermittelt nach dem höchsten Wertzuwachs in den letzten 20 Jahren (bis 31.12.1997).
Fett gedruckte Fonds lagen außerdem mit ihrem Ergebnis des letzten Jahres über dem Wertzuwachs des DAX von 47,1 Prozent.

Name des Fonds	Investment-gesellschaft	Wertzuwachs in % 10 Jahre	20 Jahre	Infos unter Telefon
FT Frankfurt-Effekten-Fonds	Frankfurt Trust	263,7	1113,2	0 69 / 9 20 50-0
Investa	DWS	378,3	1072,0	0 69 / 7 19 09-0
SMH-Special-Fonds I	SMH	315,9	1054,9	0 69 / 21 79-2 30
Concentra	**DIT**	**335,0**	**988,5**	**0 69 / 2 63 14-0**
Adifonds	ADIG	299,4	877,1	0 89 / 4 62 68-0 oder 0 69 / 7 56 00 10
DIT-Fonds für Vermögensbildung	DIT	326,4	822,4	0 69 / 2 63 14-0
UniFonds	UNION	279,5	815,8	0 69 / 25 67-0
DekaFonds	DEKA	294,9	807,3	0 69 / 25 46-0
Thesaurus	DIT	268,1	790,1	0 69 / 2 63 14-0
MK Alfakapital	**MK**	**262,1**	**700,8**	**0 89 / 5 14 92-0**
Hauck-Main-Universal-Fonds	Universal	292,4	691,7	0 69 / 75 61 91-0
Fondak	ADIG	239,2	691,4	0 89 / 4 62 68-0 oder 0 69 / 7 56 00 10
Privatfonds	**MI**	**235,9**	**687,3**	**0 69 / 2 10 41-0**
Ring-Aktienfonds DWS	DWS	297,2	612,6	0 69 / 7 19 09-0
Oppenheim Privat	Oppenheim	228,9	527,7	02 21 / 1 45-03

Aktienfonds mit Anlageschwerpunkt International

Ermittelt nach dem höchsten Wertzuwachs in den letzten 20 Jahren (bis 31.12.1997).

Name des Fonds	Investment-gesellschaft	Wertzuwachs in % 10 Jahre	20 Jahre	Infos unter Telefon
Dt. Vermögensbildungsfonds I	DVG	248,1	943,1	0 69 / 72 09 21
Akkumula	DWS	233,1	899,5	0 69 / 7 19 09-0
Dt. Vermögensbildungsfonds A	DVG	251,0	818,0	0 69 / 72 09 21
FT Interspezial	Frankfurt-Trust	218,5	801,2	0 69 / 9 20 50-0
Kapitalfonds Spezial	Gerling Investment	260,6	778,4	02 21 / 1 44-30 00
Fondis	ADIG	148,9	750,3	0 89 / 4 62 68-0 oder 0 69 / 7 56 00 10
Gerling Dynamik Fonds	Gerling Investment	204,6	684,6	02 21 / 1 44-30 00
FT Interspezial II	Frankfurt-Trust	171,4	669,3	0 69 / 9 20 50-0
ivera fonds	Gerling Investment	224,2	636,6	02 21 / 1 44-30 00
Intervest	DWS	167,7	615,0	0 69 / 7 19 09-0
Interglobal	DIT	123,0	585,8	0 69 / 2 63 14-0
BW-Wartberg-Universal-Fonds	Universal	179,9	546,2	0 69 / 75 61 91-0
SMH-International-Fonds	SMH	88,8	480,8	0 69 / 21 79-2 30
Internat. Rentenfonds	DIT	132,2	471,6	0 69 / 2 63 14-0
Inter-Renta	DWS	136,8	401,1	0 69 / 7 19 09-0

Aktienfonds mit Anlageschwerpunkt Europa

Ermittelt nach dem höchsten Wertzuwachs in den letzten 5 Jahren (bis 31.12.1997).

Name des Fonds	Investment-gesellschaft	Wertzuwachs in % 3 Jahre	5 Jahre	Infos unter Telefon
Arideka	DEKA	103,9	154,3	0 69 / 25 46-0
INDUSTRIA	DIT	109,3	148,5	0 69 / 2 63 14-0
VERMÖGENS-AUFBAU-FONDS	DIT	110,8	146,5	0 69 / 2 63 14-0
Santander Euro Standard JPM	JPM	96,1	142,4	0 69 / 71 24-11 50
FT Europa Dynamik Fonds	Frankfurt-Trust	81,1	140,8	0 69 / 9 20 50-0
EUROVESTA	DWS	82,3	136,0	0 69 / 7 19 09-0
MI-AKTIEN-PRIVATFONDS E	MI	95,3	132,2	0 69 / 2 10 41-0
DEVK-Sparda-Aktien-SKA	SKA Investment	103,5	131,5	0 69 / 75 38-18 00
BfG Invest Europafonds	BFG Invest	86,8	125,4	0 69 / 9 50 23-0
MMWI-EURKAK-FONDS	MMWI	78,7	125,1	0 69 / 97 14 10-0 oder 0 40 / 32 82 51-0
BB-Europa Invest	BB Invest	86,6	124,3	0 30 / 88 00 00-0
FONDIROPA	ADIG	90,5	123,7	0 89 / 4 62 68-0 oder 0 69 / 7 56 00 10
HYPO Top Europe	Hypo-Invest	91,4	123,4	0 03 52 / 42 74 44-1
UniEuropa	Union S.A.	92,1	118,0	0 69 / 25 67-0

Aktienfonds mit Anlageschwerpunkt Nordamerika

Ermittelt nach dem höchsten Wertzuwachs in den letzten 3 Jahren (bis 31.12.1997).

Name des Fonds	Investment-gesellschaft	Wertzuwachs in % 3 Jahre	5 Jahre	Infos unter Telefon
FONDSAMERIKA	ADIG	190,6	212,1	0 89 / 4 62 68-0 oder 0 69 / 7 56 00 10
DWS US Aktien Typ O	DWS	165,0		0 69 / 7 19 09-0
MMWI-Amerak-Fonds	MMWI	132,8	112,2	0 69 / 97 14 10-0 oder 0 40 / 32 82 51-0
UniNordamerika	Union	126,3		0 69 / 25 67-0
GT Nordamerika Aktien-fonds	LGT Invest	126,0		0 69 / 2 98 07-2 50
Transatlanta	DIT	117,9	120,8	0 69 / 2 63 14-0
DWS Nordamerika	DWS	110,6		0 69 / 7 19 09-0

Aktienfonds mit Anlageschwerpunkt Branchen

Ermittelt nach dem höchsten Wertzuwachs in den letzten 10 Jahren (bis 31.12.1997).

Name des Fonds	Investment-gesellschaft	Wertzuwachs in % 3 Jahre	5 Jahre	Infos unter Telefon
DIT-TECHNOLOGIEFONDS	DIT	167,7	206,8	0 69 / 2 63 14-0
DWS-Energiefonds	DWS	130,3	197,8	0 69 / 7 19 09-0
ADIVERBA	ADIG	119,5	201,0	0 89 / 4 62 68-0
DIT-ROHSTOFF-FONDS	DIT	47,6	38,6	0 69 / 2 63 14-0
FONDIRO	ADIG	21,7	46,1	0 89 / 4 62 68-0 oder 0 69 / 7 56 00 10
DWS-Technologiefonds	DWS	139,7	96,5	0 69 / 7 19 09-0
ADITEC	ADIG	92,8	97,4	0 89 / 4 62 68-0
DWS-Rohstoff-Fonds	DWS	31,0	22,7	0 69 / 7 19 09-0
Oppenheim Spezial II	Oppenheim	30,3	0,8	02 21 / 1 45-03

Das Prinzip der Risikostreuung

Für den Anleger optimal ist eine Streuung nach Anlageschwerpunkten: Falls sich beispielsweise das Börsengeschehen in Nordamerika negativ entwickeln sollte, könnte ein eventueller Verlust über die Anlageschwerpunkte Branchen oder Europa wieder aufgefangen werden. Dasselbe gilt natürlich auch umgekehrt.

DAS MÜSSEN SIE ÜBER OPTIONEN WISSEN

In unserer Übersicht zu Chancen und Risiken der verschiedenen Anlagen (siehe Seite 11) werden sie erwähnt, und fast jeder, der an der Börse aktiv ist, hat schon mal von diesen Spekulationspapieren gehört: Optionsscheine (englisch: Warrants). Im Grunde sind sie gar nicht für Pokerspieler an der Börse gedacht, sondern sie sollen viel eher den ängstlichen oder vorsichtigen Anlegern dabei helfen, sich vor unerwarteten Kurseinbrüchen zu schützen.

Eine Wette auf Kurssteigerungen oder -verluste

Der Optionsschein ist vergleichbar mit einer Wette, die man wahlweise auf Kurssteigerungen oder -verluste abschließt. Einerseits kann er deshalb dazu dienen, z. B. Aktiendepots gegen unerwartete Kursbewegungen abzusichern. Andererseits kann er aber, losgelöst von diesem Absicherungsgedanken, als reiner Wettschein eingesetzt werden.

- Will sich ein Aktionär z. B. gegen fallende Kurse absichern, kann er dies durch Verkaufsoptionen tun. Ihr Wert steigt, wenn die Kurse fallen.
- Will ein Spekulant auf steigende Kurse setzen, kann er Kaufoptionen erwerben, deren Wert dann viel schneller steigt als der eigentliche Aktienkurs.

Wegen der im Verhältnis zum eingesetzten Kapital viel stärkeren Reaktionen der Option auf jede Kursbewegung kann schon ein kleiner Einsatz beinahe unbegrenzte Gewinnchancen oder totalen Verlust bringen. Die bunte Vielfalt der Optionstypen und die Vielzahl ähnlicher Optionsscheine ist aber für die meisten Anleger kaum zu durchschauen. Lassen Sie sich deshalb vor Ihren ersten Transaktionen in jedem Fall von einem Wertpapierberater über die Chancen und Risiken von Optionsscheinen informieren.

Den Möglichkeiten solcher Wetten für einen Anleger sind dabei kaum Grenzen gesetzt. Denn heutzutage bekommt er Optionen auf fast alles, was börsenmäßig gehandelt wird. Will der Anleger Verwechslungen vermeiden, sollte er genau aufpassen und sich gegebenenfalls bei der Emissionsbank informieren, die den jeweiligen Optionsschein ausgegeben hat.

Optionsscheine
Der Anleger konnte zu Beginn des Jahres 1998 unter rund 7.000 angebotenen Papieren wählen.

Die Optionsscheine (Warrants) können sich beziehen auf:

Währungen
z. B. ausgehend von irgendeiner Währung auf ihr Verhältnis zum US-Dollar, zum japanischen Yen, französischen Franc, Schweizer Franken, oder zur italienischen Lira, spanischen Peseta, bzw. zur Deutschen Mark

Indizes
z. B. kann auf einen steigenden oder fallenden deutschen Aktienindex (DAX) oder auf den Dow Jones Index für die New Yorker Wertpapierbörse gesetzt werden, ebenso auf den japanischen Nikkei 225 (Börse Tokio) und andere

Zinsen
z. B. für verschiedene nationale Staatsanleihen

Schwerpunktaktien
z. B. US-amerikanische, deutsche, italienische, Schweizer, schwedische, japanische

Mit Optionen erwirbt der Anleger, wie der Name schon sagt, nur Rechte und keine Pflichten. Er erhält das Recht, die zugrunde liegende Anlageform zu bestimmten, bei Geschäftsabschluss festgelegten Bedingungen zu kaufen oder zu verkaufen. Die Bedingungen, unter denen hierbei gewählt werden kann, sind Menge, Laufzeit, Basispreis der Anlage und der Preis, der der Prämie der Option entspricht.

Der Anleger geht also keine Verpflichtung ein, sondern er kann Option ausüben oder das Recht verfallen lassen. Dabei ist der Kapitaleinsatz bei Optionen wesentlich geringer als bei einer unmittelbaren Anlage wie beispielsweise in Aktien.

Mit Aktienoptionsscheinen erwirbt der Anleger die Berechtigung, eine bestimmte Aktie innerhalb einer festgelegten Frist (amerikanischer Typ) oder zu einem bestimmten Zeitpunkt (europäischer Typ) für einen festgesetzten Preis zu kaufen (Kaufoption, Call) oder zu verkaufen (Verkaufsoption, Put).

Spekulieren mit Optionen

Wer mit Optionsscheinen spekuliert, geht ein hohes Risiko ein – er kann sehr hohe Gewinne erzielen, muss aber auch einen Totalverlust einkalkulieren.

Beispiel   Nehmen wir an, eine Aktie (oder Währung, Anleihe, Index) notiert mit 100 DM. Der Anleger ist sicher, dass der Kurs demnächst auf 120 DM steigen wird. Deshalb ordert er einen Optionsschein, der ihn berechtigt, innerhalb einer bestimmten Laufzeit die Aktie zu beispielsweise 110 DM zu kaufen. Im Fachjargon heißt diese Kaufoption Call. Diese Summe von 110 DM ist damit der in den Optionsbedingungen festgelegte Basispreis. Für dieses Recht, die Aktie innerhalb eines bestimmten Zeitraums zu 110 DM zu kaufen, zahlt der Anleger eine Optionsprämie, beispielsweise 5 DM. Liegt der Anleger richtig mit seiner Spekulation und klettert die Aktie auf 120 DM, so verdoppelt sich der Wert des Optionsscheins auf 10 DM. Grund: Dieser Betrag entspricht genau der Differenz zwischen dem Aktienkurs von 120 DM und dem niedrigeren Basispreis von 110 DM, zu dem der Anleger ja mit seinem Optionsschein die Papiere beziehen kann. Ein Aktionär hätte somit einen Gewinn von 20 Prozent erzielt, der Optionsscheinbesitzer hingegen verdoppelt seinen Einsatz.

Der Optionsschein steigt im Kurs wie die Aktie, doch er bindet weit weniger Kapital. Dieses Phänomen wird Hebelwirkung (Leverage-Effekt) genannt.

Die Absicherung eines Aktiendepots

Genau diesem Beispiel entgegengesetzt funktioniert die Absicherung eines Aktiendepots durch Optionsscheine: Mit einem Put erhält der Anleger das Recht, während einer bestimmten Laufzeit das festgelegte Wertpapier zu einem vorab fixierten Kurs zu verkaufen. Er kann frei entscheiden, bis zu welchem unteren Kurs er sich absichern möchte. Fallen die Notierungen unter den vom Optionsscheinbesitzer spekulierten Basispreis, erhält der Anleger die Differenz als Gewinn. Der Anleger erleidet dann zwar mit seinen Aktien Verluste, er kann sie aber durch die Gewinne aus den Verkaufsoptionen wieder ausgleichen.

Insgesamt ein Gewinn

Langfristige Betrachtungen zeigen, dass sich die Rendite aus einem Aktiendepot, das durch Optionen abgesichert ist, unter Berücksichtigung aller Kosten um etwa einen Prozentpunkt steigern lässt.

Deshalb werden Optionsscheine üblicherweise auch von Fontsmanagern eingesetzt, um Garantie-Aktienfonds abzusichern (siehe bei Aktienfonds). Das Prinzip: Auch wenn Kurse unter den Einstandspreis fallen, bekommt der Anleger diesen zum Ende der Garantiezeit ausgezahlt.

Calls und Puts

- Auf steigende Kurse wird grundsätzlich mit einer Kaufoption (Call) gesetzt.
- In Erwartung fallender Kurse wird in Verkaufsoptionen (Put) investiert.

Das Gedankenspiel bei einer Kaufoption		
Erwartungen und Chancen	**Käufer eines Call**	**Verkäufer eines Call**
Setzt auf:	Steigende Kurse	Gleich bleibende oder fallende Kurse
Risiko:	Gleich bleibende oder fallende Kurse	Steigende Kurse
Gewinn:	Differenz aus Börsenkurs und Basispreis abzüglich Optionspreis und Spesen	Wird der Kauf (Call) nicht wahrgenommen: Optionsprämie abzüglich Spesen
Möglicher Verlust:	Begrenzt: Optionspreis und Spesen	Unbegrenzt. Bei mangelnder Absicherung über die Basispapiere: Differenz zwischen Börsenkurs und Ausübungspreis abzüglich Optionspreis und Spesen

Das Gedankenspiel bei einer Verkaufsoption		
Erwartungen und Chancen	**Käufer eines Put**	**Verkäufer eines Put**
Setzt auf:	Fallende Kurse	Gleich bleibende oder leicht steigende Kurse
Risiko:	Gleich bleibende oder steigende Kurse	Fallende Kurse
Gewinn:	Differenz aus Basispreis und Börsenkurs abzüglich Optionspreis und Spesen	Wird der Verkauf (Put) nicht wahrgenommen: Optionsprämie abzüglich Spesen
Möglicher Verlust:	Begrenzt: Optionspreis und Spesen	Nahezu unbegrenzt. Wird der Put ausgeübt: Differenz zwischen Basispreis und Börsenkurs (kann null sein!) abzüglich Optionspreis und Spesen

Risiko bis zum Totalverlust

Sowohl bei steigenden als auch bei fallenden Kursen kann es passieren, dass sich die Spekulationen bzw. Befürchtungen des Anlegers nicht erfüllen. Im Extremfall verfallen dann die Optionsscheine nach ihrer Laufzeit und werden wertlos. Der Anleger muss das für die Optionen eingesetzte Geld als Totalverlust abschreiben. Wobei der Anleger, der Optionen unter dem Sicherungsgedanken gekauft hat, sich damit trösten kann, dass er wie bei Versicherungen üblich die Prämie gezahlt, aber keinen Schaden erlitten hat.

Ganz anders aber ergeht es dem Anleger, der mit Optionen schnellere Börsenerfolge erzielen wollte als mit Aktien. Er hat praktisch seinen ganzen Einsatz verloren, weil der Optionsschein im Gegensatz zur Aktie keinen Substanzwert besitzt. Auch bei einem totalen Zusammenbruch der Börse mit Kursverlusten von 30 oder 50 Prozent wird die Aktie nicht völlig wertlos. Wer das Papier hält, kann durch nachfolgende Kurssteigerungen eventuell sogar den Börsencrash ganz ohne Verluste überstehen. Der Optionsschein aber ist auf einen Zeitpunkt fixiert. Das Prinzip der Aktie »Notfalls hoffen und warten« funktioniert da nicht.

⚡ Blitzübersicht zu den Einflussfaktoren auf die Kursentwicklung bei Optionsscheinen: Darauf müssen Anleger achten

Mögliche Einflussgrößen	Was passiert?	Wohin geht der Preis? Kauf (Call)	Verkauf (Put)
Kurs des Bezugswerts, z. B. Aktienindex, Wechselkurs etc.)	steigt	☺ steigt	☹ fällt
	sinkt	☹ fällt	☺ steigt
Restlaufzeit der Option	bleibt lang	☹ stagniert	☹ stagniert
	wird kurz	☹ fällt	☹ fällt
Kursschwankungen Volatilität) des Bezugswerts	steigend	☺ steigt	☺ steigt
	fallend	☹ fällt	☹ fällt

Optionsscheine kann jeder Privatanleger heute über seine Hausbank ordern, das geht inzwischen so problemlos wie bei einer deutschen Aktie. Die Bank wird allerdings schon aus Haftungsgründen auf das Risiko eines totalen Verlustes des eingesetzten Kapitals hinweisen.

In den meisten Fällen wird dem Kunden dazu eine Information über Optionsscheine vorgelegt, deren Empfang und Kenntnisnahme der Anleger quittieren muß. So sichert sich die Bank im Verlustfall vor der Forderung nach Schadenersatz wegen mangelndem Hinweis auf Risiken ab.

Jeder Anleger, der Optionsscheine erwerben möchte, sollte sich aber noch zusätzlich über weitere Risiken informieren:

- Allgemeines Kursrisiko
- Risiko der Hebelwirkung
- Risiko der Veränderung des Zeitwerts
- Risiko der Wertminderung bis hin zum Totalverlust
- Währungsrisiko

Außerdem ist wichtig, dass der Anleger bei Optionsscheinen darauf achtet, ob für den jeweiligen Optionsschein ein hinreichend liquider Markt besteht. Es kann ihm nämlich passieren, dass er zwar mit dem Kauf der Option eine Wette eingegangen ist, hinterher aber niemand die Wette einlösen will.

Die wichtigsten Steuertricks für Anleger

Der Staat braucht Geld – und das holt er sich auch bei Aktionären und anderen Geldanlegern. Denn auch die Einkünfte aus der Anlage von Kapitalvermögen unterliegen der Steuerpflicht. Ebenso wie bei Lohn und Gehalt dürfen aber auch hier erst einmal die Ausgaben von den Einnahmen abgezogen werden, die Differenz (im Steuerdeutsch: Einkünfte) wird dann allen anderen persönlichen Einkünften hinzugerechnet und mit ihnen zusammen versteuert.

Steigende Steuern bei steigenden Einkünften

Wegen der Progression (steigender Steuersatz bei steigenden Einkünften) ist es wahrscheinlich, dass Sie bei Hinzurechnung der Kapitalerträge künftig einen prozentual höheren Steuerabschlag auch auf das bisherige Einkommen zu zahlen haben. Sie zahlen also nicht nur zusätzlich Steuern auf die Kapitalerträge, sondern gleichzeitig höhere Steuern auf die Einkünfte, über die Sie auch bisher schon verfügen konnten.

Gerade weil der Staat stets mitzukassieren versucht, sollten alle legalen Möglichkeiten zum eigenen Vorteil ausgeschöpft werden. Dabei gelten immer die folgenden Grundsätze:

* Strafbar ist es, eine Verkürzung der Steuern vorzunehmen.
* Völlig legal ist es, die Entstehung von Steuern zu vermeiden.

Auf dieses Ziel sind deshalb alle unsere Hinweise ausgerichtet. Aber bevor es um die geschicktesten Gestaltungsmöglichkeiten geht, sollten wir uns erst mal die steuerliche Situation für den Anleger vor Augen führen. Dabei haben wir die Situation zum Redaktionsschluss dieses Buches (Anfang 1998) berücksichtigt – mit allen Unwägbarkeiten durch die geplanten Änderungen des Steuerrechts. Soweit diese aber schon konkrete Formen zeigen, weisen wir auch darauf bereits hin.

Insbesondere könnten Änderungen bei der Höhe des Sparer-Freibetrags eintreten, die für den Aktionär eine höhere Besteuerung von Dividenden bedeuten. Außerdem ist eine Veränderung der Spekulationsfrist im Gespräch, durch die bisher noch steuerfreie Kursgewinne künftig das Finanzamt interessieren.

WAS DAS FINANZAMT VON IHREN AKTIEN-GEWINNEN HABEN WILL

Das Finanzamt hat genau zwei Möglichkeiten, bei Ihren Gewinnen zuzulangen:

- Bei Spekulationsgewinnen (also Geld aus Kurssteigerungen)
- Bei Ausschüttungen (also Geldzahlungen als Dividende)

Kursgewinne lassen sich durch richtiges Timing einfach aus der Steuerpflicht herausnehmen.

Bisher unterlagen nur solche Kursgewinne der Steuerpflicht, die innerhalb eines Zeitraums von sechs Monaten anfielen und außerdem über 1.000 DM lagen. Wer spekulieren will, ohne dass sich der Finanzminister auch die Hände reiben kann, muss also nur seine Engagements länger als sechs Monate beibehalten – ein weiterer Tag reicht aus, um am Finanzamt vorbeizuspekulieren.

Heftig diskutiert wird eine Verlängerung der Spekulationsfristen – obwohl dies im Gegensatz zu der auch von der Deutschen Bundesbank begrüßten Aufwertung der Aktie am Deutschen Markt steht. Aber der Ausgehungerte wird sich im Zweifelsfall wahrscheinlich dafür entscheiden, aus den Körnern Mehl zu mahlen und Brot zu backen, statt sie zukunftsträchtig auszusäen, um später mehr Körner zu ernten.

Das Prinzip der Besteuerung

Um das Prinzip der Besteuerung darzustellen, haben wir zunächst mal das eventuelle Vorhandensein eines Freistellungsauftrags nicht berücksichtigt. Wir gehen hier also von der Maximalbesteuerung aus. Und da kommen bei den Dividendenzahlungen gleich mehrere Steuerarten zum Tragen, die wir in der Übersicht auf Seite 162 dargestellt haben. Neben der eigentlichen Dividende erhält der Aktionär nämlich noch (zunächst nur den Anspruch auf) eine Körperschaftsteuer-Gutschrift. Diese kann beim Finanzamt zurückgeholt werden (siehe ab Seite 159). Die Gutschrift erklärt sich daraus, dass die von Kapitalgesellschaften zu zahlende Körperschaftsteuer auf die Einkommensteuer der Teilhaber anzurechnen ist. Die Körper-

Im günstigsten Fall kann der Aktionär diese Bruttodividende in voller Höhe und ohne jeden Abzug kassieren.

schaftsteuer-Gutschrift beträgt jeweils drei Siebtel auf die Bardividende. Zusammen ergibt sich aus der Gutschrift (30 Prozent) und der Bardividende (70 Prozent) die Bruttodividende (100 Prozent).

Zunächst aber kassiert das Finanzamt auch bei der Bardividende noch einmal ab: Als Quellensteuer oder Kapitalertragsteuer werden 25 Prozent der Bardividende fällig. Liegt dem Geldinstitut, bei dem Ihr Depotkonto geführt wird, kein Freistellungsauftrag vor, wird der 25-Prozent-Anteil gleich von der Bank ans Finanzamt überwiesen (gegebenenfalls zuzüglich des Solidarzuschlags).

Beispiel für die Besteuerung einer Bardividende von 7 DM

7 DM Bardividende: Diesen Betrag schüttet die Aktiengesellschaft direkt an Sie aus. Er könnte also direkt Ihrem Depotkonto gutgeschrieben werden, wenn da nicht die deutsche Quellensteuer wäre: Sie wird schon von der Bank (wenn es keinen Freistellungsauftrag gibt) an das für das Geldinstitut zuständige Finanzamt abgeführt.

→ davon

1,75 DM Kapitalertragsteuer geht direkt an das Finanzamt

Mit Freistellungsauftrag sieht Ihr Ertrag so aus

5,25 DM Nettodividende: Dieser Betrag wird sofort Ihrem Konto gutgeschrieben. Unabhängig davon, wie Ihre Besteuerung aussieht und ob Sie sich freistellen lassen können, ist dies der Ihnen immer zur Verfügung stehende Ertrag.

+

1,75 DM Gutschrift der einbehaltenen Kapitalertragsteuer

+

3 DM Gutschrift der schon von der Aktiengesellschaft direkt ans Finanzamt gezahlten Körperschaftsteuer

=

10 DM Bruttodividende: Dies ist Ihr Anteil am Gewinn der Aktiengesellschaft, über den Sie im günstigsten Fall verfügen können. Bei Ausnutzung aller steuerlichen Möglichkeiten und Abgabe eines Freistellungsauftrags haben Sie also die Möglichkeit, das Ihnen zunächst als Bardividende ausgezahlte Geld fast zu verdoppeln – und dies kann praktisch sofort geschehen. Sie müssen also nicht erst bis zur Steuerrückzahlung warten (siehe Hinweise zur Freistellung ab Seite 161).

Ohne Steuerformulare läuft gar nichts – mit bekommen Sie sofort mehr Geld

Wenn Sie bisher noch gar keine Erfahrungen mit Geldanlagen gesammelt haben, kommen auf Sie als Aktionär drei neue Formulare zu:
- Die Anlage für Kapitalerträge zur Einkommensteuererklärung (Anlage KSO vom Steuerberater oder Finanzamt)
- Die Nichtveranlagungsbescheinigung (ebenfalls vom Steuerberater oder Finanzamt)
- Der Freistellungsauftrag

Mit letzterem können Sie bei Ihrer Bank den Vorwegabzug der Kapitalertragsteuer und die Auszahlung der Körperschaftsteuer-Gutschrift erreichen. In der Praxis wird am häufigsten neben dem (relativ leicht auszufüllenden) Freistellungsauftrag die Anlage KSO zur Einkommensteuererklärung benötigt. Deshalb widmen wir ihr hier den meisten Raum.

Was ist bei der Anlage KSO zu beachten?

In dieser Anlage müssen Sie gegenüber dem Finanzamt erst mal offenbaren, wie hoch Ihre Einkünfte aus den Anlagen ausfallen. Zur Zeit bleiben diese Einkünfte dann steuerfrei, wenn sie folgende Beträge nicht übersteigen:
- Jährlich 6.100 DM bei Alleinstehenden
- Jährlich 12.200 DM bei Verheirateten

Besonders wichtig ist die Anlage KSO immer dann, wenn Ihre Einnahmen aus Kapitalvermögen zwar unter den derzeit gültigen steuerlichen Freibeträgen liegen, Sie jedoch vergessen haben, einen Freistellungsauftrag bei Ihrer Bank zu stellen. In diesem Fall müssen Sie das Formular ausfüllen, damit Sie die einbehaltene Kapitalertragsteuer, die Körperschaftsteuer und den Solidarzuschlag erstattet oder angerechnet bekommen.

Was ist bei der Zinsabschlagsteuer zu beachten?

Wenn die Einnahmen aus Kapitalvermögen über den Freibeträgen von jährlich 6.100 DM bzw. 12.200 DM liegen, wird ein Zinsabschlag auf die Erträge von 25 bis 35 Prozent vorgenommen. Kein Zinsabschlag wird in den folgenden Fällen vorgenommen:
- Bei ausländischen Kreditinstituten (auch nicht bei ausländischen Filialen inländischer Banken)

Beziehen Sie Zinseinnahmen von mehreren Kreditinstituten, können Sie die Freistellungsaufträge aufteilen.

• Bei Sparern, die ihren Wohnsitz im Ausland haben – gleichgültig, ob sie Deutsche sind oder nicht

Sie können den Zinsabschlag durch Erteilung eines Freistellungsauftrages (Formulare hat die Bank) bis zu 6.100 DM bzw. 12.200 DM verhindern. Übersteigen Ihre Zinseinnahmen 6.100 DM bzw. 12.200 DM, so wird Ihnen zunächst das jeweilige Freistellungsvolumen angerechnet und nur von dem eventuell noch verbleibenden Betrag die Zinsabschlagsteuer einbehalten.

Aus der folgenden Übersicht können Sie ersehen, wie hoch die Sätze der Kapitalertragsteuer für die verschiedenen Anlagen gegenwärtig sind.

⚡ Blitzübersicht: So viel Kapitalertragsteuer zieht das Finanzamt bei den verschiedenen Anlagen ab

Art der Sparanlage	Abzug	Erleichterungen
Sparbuchzinsen, Wertpapierzinsen, sonstige Kapitalforderungen	30 %	Freistellungsauftrag, Nichtveranlagungsbescheinigung
Zinsen aus Tafelgeschäften	35 %	Keine
Außerrechnungs- und rechnungsmäßige Zinsen aus den Sparanteilen kurz laufender Lebensversicherungen	25 %	Freistellungsauftrag, Nichtveranlagungsbescheinigung
Einnahmen als stiller Gesellschafter	25 %	Freistellungsauftrag, Nichtveranlagungsbescheinigung
Dividenden aus Kapitalgesellschaften (GmbH-Gewinnausschüttungen, Aktiendividenden)	25 %	Bei Nichtveranlagungsbescheinigung kann Erstattung durch das Bundesamt für Finanzen erfolgen
Zinsen aus Wandelanleihen, Gewinnobligationen, Genussrechten	25 %	Wie bei Dividenden

Freistellungsaufträge für Ehegatten

Gemeinsam veranlagte Ehegatten müssen den Banken ihre Freistellungsaufträge gemeinsam erteilen – sowohl für getrennte als auch gemeinsame Konten. Die Freistellungsaufträge müssen alle Personenangaben sowie beide Unterschriften enthalten.

Das Freistellungsvolumen für Ehegatten beträgt gegenwärtig 12.200 DM.

Freistellungsaufträge für getrennt Lebende

Getrennt veranlagte Ehegatten und nicht verheiratete Lebenspartner erteilen den Banken jeder für sich die Freistellungsaufträge, jeder erhält ein Freistellungsvolumen von 6.100 DM.

Freistellungsaufträge für minderjährige Kinder

Auch Kinder müssen ihre Zinserträge freistellen lassen. Es ist für jedes minderjährige Kind ein gesonderter Freistellungsauftrag auszufüllen und von den Eltern zu unterschreiben, bei mehreren Kreditinstituten ist auch hier das Freistellungsvolumen aufzuteilen.

Experten-Tip

Kapitaleinkünfte der Kinder sind nicht in die Anlage KSO der Eltern einzutragen, da Kindern eigene Freibeträge zustehen. Möchten Kinder (egal welchen Alters) die Erstattung einbehaltener Steuern beantragen, so sind eigene Steuererklärungen abzugeben, die bei minderjährigen Kindern von den Eltern zu unterschreiben sind. Eventuell kann auch eine Nichtveranlagungsbescheinigung beantragt werden.

Freistellungsaufträge können befristet oder unbefristet erteilt werden, sie können auch jederzeit widerrufen oder geändert werden, z. B. wenn sich der Familienstand ändert.

Nichtveranlagungsbescheinigung bei geringen Einkommen

Beziehen Sie nur ein sehr geringes Einkommen (Rentner, Kinder) und zahlen Sie keine Einkommensteuer, so können Sie beim Finanzamt eine so genannte Nichtveranlagungsbescheinigung beantragen – diese wird Ihnen dann für drei Jahre erteilt. Diese Bescheinigung ist der jeweiligen Bank vorzulegen, und der Zinsabschlag entfällt ebenso wie die Abgabe einer Steuererklärung.

Die Daten aus den Freistellungsaufträgen werden von den Kreditinstituten an das Bundesamt für Finanzen in Bonn weitergeleitet, wo sie gesammelt und dahingehend überprüft werden, ob das Freistellungsvolumen von dem/den Steuerpflichtigen mehr als gesetzlich zulässig beansprucht wurde.

Falls ja, erfolgt eine entsprechende Mitteilung an das zuständige Wohnsitzfinanzamt.

⚡ Blitzübersicht: Wie viel Zinsen Sie ohne Steuerabzug einstreichen dürfen

Bis zum angegebenen Anlagebetrag und Zinssatz zahlen Alleinstehende und Ehepaare keine Steuern

bei Zinssatz in Prozent	für Alleinstehende	für Ehepaare
3,0	203.333 DM	406.667 DM
3,5	174.286 DM	348.571 DM
4,0	152.500 DM	305.000 DM
4,5	135.556 DM	271.111 DM
5,0	122.000 DM	244.000 DM
5,5	110.909 DM	221.818 DM
6,0	101.667 DM	203.333 DM
6,5	93.846 DM	187.692 DM
7,0	87.143 DM	174.286 DM
7,5	81.333 DM	162.667 DM
8,0	76.250 DM	152.500 DM
8,5	71.765 DM	143.529 DM
9,0	67.778 DM	135.556 DM

Anrechenbare Steuerbeträge – fordern Sie Abrechnungen an

In der Anlage KSO für die Kapitalerträge tragen Sie dann die vom jeweiligen Anlageinstitut einbehaltene Zinsabschlagsteuer ein – und zwar anhand der Steuerbescheinigung/en, die Sie von den Banken anfordern und dem Finanzamt vorlegen müssen.

Möchten Sie die Anrechnung bzw. Erstattung der Zinsabschlagsteuern beantragen, haben Sie aber in den Vorjahren keine Zinseinkünfte angegeben, so wird das Finanzamt in den Vorjahren »schnüffeln«. Können Sie die »plötzliche« Kapitalherkunft nicht plausibel begründen, droht Ihnen eventuell ein Verfahren wegen Steuerhinterziehung. Sie können im Falle einer Selbstanzeige (am besten durch Steuerberater, um Formfehler zu vermeiden) zwar straffrei ausgehen. Es sind aber eventuell für zehn zurückliegende Jahre Steuern und Hinterziehungszinsen nachzuzahlen.

Manche verzichten lieber auf die Anrechnung gewisser Zinsabschlagsteuern, um keine »schlafenden Hunde« zu wecken.

Solidaritätszuschlag und Körperschaftsteuer

Außerdem geben Sie die Summe des einbehaltenen Solidaritätszuschlages an, der derzeit in Höhe von 7,5 Prozent auf die Kapitalertragsteuer erhoben wird. Dieser Betrag wird ebenfalls auf die gesamte von Ihnen zu tragende Steuerlast angerechnet. Die einzutragenden Summen sind den jeweiligen Steuerbescheinigungen zu entnehmen. Und schließlich ist auch die Summe der vergüteten Körperschaftsteuer einzutragen – diese wird Ihnen nämlich ebenfalls angerechnet. Die erforderlichen Angaben entnehmen Sie wieder den Erträgnisaufstellungen Ihrer Banken.

Werbungskosten – das alles muss Ihr Finanzamt schlucken

Werbungskosten aus Kapitalvermögen sind alle Ausgaben, die durch Ihr Kapitalvermögen veranlasst sind. Sie werden im Jahr der Belastung geltend gemacht. Darunter fallen folgende Posten:

- Depotgebühren
- Gebühren für die Erträgnisaufstellung
- Fachzeitschriften oder Fachbücher zur Erzielung von Kapitaleinkünften
- Schuldzinsen für das durch Kredit finanzierte Kapitalvermögen
- Bausparabschlussgebühren
- Steuerberatungskosten oder sonstige Beratungskosten in Zusammenhang mit Kapitaleinkünften
- Fahrtkosten zu Aktionärs-Hauptversammlungen oder Banken mit 0,52 DM pro gefahrenen Kilometer wie Dienstreisen
- Übernachtungs- und Verpflegungsaufwendungen (angemessene) für Reisen in Zusammenhang mit Kapitaleinkünften

- Kontoführungsgebühren (nicht fürs private Girokonto)
- Beiträge zu Wertpapierschutzverbänden
- Software für die Wertpapierverwaltung
- Kosten für Safemiete, sofern Wertpapiere aufbewahrt werden
- Safeversicherungen
- Anteilige Telefon- und Faxkosten mit Bank und Vermögensverwalter
- Vermögensverwaltung, soweit Vermögen verwaltet wird, welches nicht nur spekulativ ist, sondern Erträge abwirft

Sollten bei Ihnen solche Werbungskosten nicht angefallen sein, berücksichtigt das Finanzamt automatisch einen Werbungskostenpauschbetrag von jährlich 100 DM für Alleinstehende und 200 DM für Verheiratete.

Auch das gibt es: Ausgaben, die keine Werbungskosten sind

Provisionen werden vom Finanzamt nicht als Werbungskosten anerkannt.

Das bedeutet nicht zwangsläufig, dass diese Kosten gar nicht steuerlich geltend gemacht werden können. Die feine Unterscheidung nach Werbungs- und z. B. Anschaffungskosten dient aber dazu, die Ausgaben den jeweiligen Einnahmen (nämlich aus Erträgen oder Spekulationen) zuzuordnen. Deutlich wird dies, wenn wir uns gleich etwas näher mit den Spekulationsgewinnen beschäftigen.

Zunächst einmal aber werden folgende Posten vom Finanzamt nicht als Werbungskosten anerkannt:

- Kosten, die mit der Anschaffung oder Veräußerung Ihres Kapitalvermögens zusammenhängen, z. B. Kaufgebühren für die Anschaffung von Wertpapieren (Anschaffungsnebenkosten der Wertpapiere)
- Maklergebühren (das sind ebenfalls Anschaffungsnebenkosten)
- Kosten für Safemiete, wenn Gold oder sonstiges Vermögen aufbewahrt wird, welches keine Erträge abwirft (i. S. § 20 EStG), sondern nur steuerlich irrelevante Wertsteigerungen ermöglicht
- Stückzinsen
- Verluste aus Wertpapierspekulationen oder Aktien

Der Sparerfreibetrag

Neben dem Werbungskostenpauschbetrag werden die Einnahmen aus Kapitalvermögen um den Sparerfreibetrag (nach § 20 Abs. 4

EStG) gekürzt, der für Alleinstehende jährlich 6.000 DM und für Verheiratete 12.000 DM beträgt. Aber Achtung: Durch die Berücksichtigung des Sparerfreibetrages und des Werbungskostenpauschbetrages darf kein Verlust aus Kapitalvermögen entstehen. Allenfalls können Sie damit Ihre Einnahmen auf null drücken. Denn mit den Verlusten aus Kapitalvermögen ist es eine ganz heikle Sache.

Spekulationsverluste und Steuern

Wer sich schon mal ein wenig mit Steuern beschäftigt hat, kennt das Prinzip: Verluste bei einer Einnahmeart dürfen mit Gewinnen bei einer anderen verrechnet werden. Leider funktioniert das aber bei den Erträgen aus Kapitalanlagen nicht so einfach.

- Ein steuerlich zu berücksichtigender Verlust ist nur möglich, wenn die tatsächlichen Werbungskosten die Einnahmen aus Kapitalvermögen übersteigen.
- Verluste aus Spekulationen dürfen nicht mit anderen Erträgen aus Kapitalanlagen verrechnet werden, sondern nur mit den innerhalb desselben Jahres angefallenen Spekulationsgewinnen.

Ein darüber hinausgehender Verlust darf nicht mit dem Verlustabzug (nach § 10 d EStG) berücksichtigt werden und bleibt »Privatvergnügen«. Das Ergebnis dieser Verrechnung bringt Ihnen also bestenfalls null. Aber auch bei den Spekulationsgewinnen gibt es eine besondere Tücke, die man kennen sollte, weil sie gerade angesichts des steuerfreien Spekulationsgewinns oft falsch interpretiert wird.

Experten-Tip

Spekulationsgewinne unter 1.000 DM jährlich sind steuerfrei. Weil es sich bei dieser Grenze aber nicht um einen Freibetrag handelt, sind höhere Gewinne immer voll zu versteuern. Also: Haben Sie also einen Spekulationsgewinn von 1.010 DM gemacht, muss dieser gesamte Betrag versteuert werden – nicht nur die 10 DM über der Freigrenze.

Wie Spekulationsgewinne ermittelt werden

Der Spekulationsgewinn ist die Differenz aus dem erzielten Veräußerungspreis und den Anschaffungs- und Veräußerungskosten. In den Formularen des Finanzamts wird nach der ebenso einfachen

Logik »Veräußerungspreis abzüglich Anschaffungs- und Herstellungskosten sowie Werbungskosten ist gleich Spekulationsgewinn« verfahren.

Ermittlung der Anschaffungskosten Hierfür werden insbesondere Kaufpreis und Kaufpreisnebenkosten wie z. B. Maklerkosten oder Kaufgebühren berücksichtigt.

Veräußerungskosten Diese vermindern den eventuellen Spekulationsgewinn. Hierunter fallen alle Kosten, die der Verkäufer im Zusammenhang mit der Veräußerung zu tragen hat, z. B. Provisionen.

Die Nichtveranlagungsbescheinigung

Aktien sollte man nur dann kaufen, wenn die gesamten Einkommensverhältnisse kontinuierlich rund sind.

Eigentlich wäre es ein Widerspruch, wenn ein Aktionär sich für diesen Abschnitt interessieren würde. Die hier beschriebene Bescheinigung drückt nämlich letztlich aus, dass der betreffende Steuerzahler praktisch gar keine finanziellen Verhältnisse hat. Aber es gibt ja Sonderfälle: Wenn Sie z. B. aus dem Berufsleben ausgeschieden sind, könnte Ihnen wegen geringer Einkünfte die Nichtveranlagungsbescheinigung zustehen. Also gehen wir der Vollständigkeit halber doch darauf ein.

Wie lange gilt diese Bescheinigung?

Beantragen müssen Sie dieses Papier bei dem für Sie zuständigen Finanzamt. Die Nichtveranlagungsbescheinigung wird Ihnen dann (nach Ausfüllen eines entsprechenden Formulars von Steuerberater oder Finanzamt) für drei Jahre ausgestellt und muss anschließend neu beantragt werden.

Experten-Tip

Sollten Ihre gesamten Einkünfte unter dem Grundfreibetrag von jährlich DM 12.365 für Alleinstehende oder DM 24.730 für Verheiratete (Sätze für 1998) liegen und würde aufgrund der Höhe Ihrer Zinseinkünfte Zinsabschlagsteuer einbehalten, so sollten Sie die Nichtveranlagungsbescheinigung beantragen und diese nach Erhalt Ihrer Bank/Ihren Banken vorlegen – dann entfällt der Einbehalt der Zinsabschlagsteuer plus Solidaritätszuschlag.

Wie kann man Steuern ganz vermeiden?

Achten Sie zunächst einmal darauf, dass Ihre Zins- bzw. Dividendenerträge unter dem Sparerfreibetrag von 6.100 DM für Alleinstehende bzw. 12.200 DM für Verheiratete (hier schon einschließlich der Werbungskostenpauschale von 100 bzw. 200 DM) liegen. Achtung: An den Sparerfreibeträgen will der Finanzminister künftig sparen. Ursprünglich sollten sie schon ab 1998 auf 3.000 DM (für Ledige) bzw. 6.000 DM (für Verheiratete) sinken. Diese Pläne waren zwar – so der Stand zum Redaktionsschluss dieses Buches – aufgeschoben, vorläufig zumindest. Doch zur Vorsicht erinnern wir an das alte Sprichwort »Aufgeschoben heißt nicht aufgehoben«.

Strategien zur optimalen Nutzung des Sparerfreibetrages

In einigen Fällen können Sie die Zinseinkünfte in ein anderes Jahr verlagern. Hier einige legale Tricks:

- Achten Sie beim Kauf von Investmentfonds oder Anleihen auf den nächsten Ausschüttungstermin.
- Beim Festgeld können Sie den nächsten Zinstermin in ein anderes Jahr verschieben.
- Die beim Verkauf von Anleihen gezahlten Stückzinsen sowie die im Verkaufspreis von Investmentfonds enthaltenen Zwischengewinne erhöhen Ihre Einkünfte aus Kapitalvermögen.

> **Ein Tip: Verschieben Sie Ihre Zinsauszahlungen – soweit möglich – in das Jahr 1999!**

- Beim Kauf von Finanzierungsschätzen liegt der nächste Zinstermin immer im nächsten oder übernächsten Jahr.

Wichtig: Mit der seit langer Zeit groß angekündigten Steuerreform 1998/1999 (wenn es jemals etwas wird) sollen endlich auch für Kleinverdiener günstigere Steuersätze kommen.

Jetzt schon strategisch in die Zukunft denken

Ab einem zu versteuernden Einkommen von 13.067 bis 18.035 DM bei Ledigen (bzw. 26.134 bis 36.071 DM bei Verheirateten) soll der Steuersatz künftig nur 15 Prozent betragen. Ab einem zu versteuernden Einkommen von 90.017 DM bei Ledigen bzw. 180.035 DM bei Verheirateten soll der Steuersatz auf 22,5 Prozent und dann bis auf einen Grenzsteuersatz von 39 Prozent steigen.

Liegen also Ihre Zinseinkünfte über den gültigen Freibeträgen, so ist es lukrativ, die Zinsauszahlung in die Jahre zu verschieben, in denen bereits die große Steuerreform greift!

Beim Kauf von Anleihen unter pari, das heißt, die mit einem Kurs unter 100 Prozent erworben werden, bleibt der Kursgewinn, der bis zum Fälligkeitstermin entsteht, steuerfrei. Folglich bleibt ein Kursverlust bei einer Anleihe, die mit einem Kurs über 100 Prozent erworben wurde, steuerlich irrelevant.

Experten-Tip

Erwerben Sie Anleihen nur mit einem weit unter 100 Prozent notierten Kurs, und meiden Sie Obligationen über 100 Prozent bzw. verkaufen Sie sie.

Wichtig für alle Kapitalanleger

Die Sparerfreibeträge sollen zwar halbiert werden. Dafür wird jedoch die Kapitalertragsteuer auf Dividenden ab 1999 voraussichtlich von 25 auf 15 Prozent gesenkt. Tafelgeschäfte werden mit einer Zinsabschlagsteuer von 30 Prozent (bisher 35) besteuert. Die Zinsabschlagsteuer auf Zinsen soll von 30 auf 25 Prozent gesenkt werden.

Wichtige Änderungen für Aktionäre und Fondsanleger

Die Körperschaftsteuer für ausgeschüttete Gewinne soll künftig stufenweise auf 25 % herabgesetzt werden. Anders als bei der GmbH kann man nun als Aktionär Gewinnausschüttungen nicht beliebig verschieben. Es kann aber Sinn machen, sich um Wertpapiere mit hohen Gewinnausschüttungen erst später zu bemühen und zunächst vor allem auf hohe Kurssteigerungen zu setzen.

Es lohnt sich stets, Anlagen in ausschüttenden oder thesaurierenden Fonds genau zu überlegen.

Einbehaltene (thesaurierte) Gewinne sollen fortan mit 40 %, später mit 35 % besteuert werden. Der ermäßigte Steuersatz von bisher 42 % soll sich schrittweise zunächst auf 37 %, dann auf voraussichtlich 32 % reduzieren.

Steuern sparen durch die Übertragung von Kapitalvermögen

Erhebliche Vorteile lassen sich oft auch dadurch erzielen, indem Kapitalvermögen auf niedrig besteuerte Angehörige übertragen wird

– meistens werden das Kinder oder Enkel sein. Ebenso kann aber unter Lebenspartnern ohne Trauschein eine Übertragung interessant werden, wenn ohnehin beide aus einem Topf leben und es erhebliche Unterschiede bei den Steuersätzen gibt.

Verschenkt ist verschenkt!

Bevor Sie Vermögen verschenken, sollten aber nicht nur steuerliche Aspekte geprüft werden. Überlegen Sie in diesem Zusammenhang auch, ob Sie das Vermögen noch brauchen! Was ist, wenn der Empfänger grob undankbar handelt, nicht mehr arbeitet, alles verjubelt? Sie haben ein Auge auf das Geld – dieser Gedanke ist kein Trost. Denn das mit dem Auge mag stimmen – rechtlich aber ist Ihre Zugriffsmöglichkeit eher beschränkt. Denn nach außen (also für das Finanzamt) muss das Vermögen so übertragen werden, dass Sie darüber anschließend nicht mehr verfügen können.

Wird einem Kind beispielsweise durch eine Schenkung (neue Freibeträge beachten) Kapitalvermögen auf Dauer übertragen, sind die daraus resultierenden Erträge dem Kind zuzurechnen, das normalerweise sonst keine Einkünfte bezieht. Das ist besonders für diejenigen interessant, deren Freibeträge bei Kapitalvermögen plus Werbungskostenpauschbetrag (bis einschließlich 1997 insgesamt DM 6.100 bzw. DM 12.200, geplant ist eine Herabsetzung auf voraussichtlich 3.100 DM bzw. 6.200 DM) überschritten werden. Durch geschickte Verteilung des Kapitalvermögens auf Kinder kann einmal der Abzug der Zinsabschlagsteuer zuzüglich Solidaritätszuschlag vermieden werden und somit eine Besteuerung des Kapitalvermögens.

Getrennte Vermögensverhältnisse

Es gelten folgende Voraussetzungen: Das Vermögen des Kindes muss (wie schon angedeutet) streng von dem elterlichen Vermögen getrennt bleiben. Aktien und Wertpapiere können auch ohne Pflegerbestellung auf ein minderjähriges Kind übertragen werden, die Eltern können nach der Schenkung das Vermögen verwalten. Kontoauszüge, Sparbücher und Depots müssen aber unbedingt auf den Kindesnamen lauten. Die das Vermögen verwaltenden Eltern dürfen das Vermögen nicht für sich beanspruchen, sonst ist es ihnen auch ertragsteuerlich zuzuordnen. Entsprechende Regeln gelten für Lebenspartner.

Es ist steuerunschädlich, wenn Eltern die Erträge aus Kapitalvermögen für den Unterhalt des Kindes verwenden. Berücksichtigen sollten Sie jedoch die folgenden Beträge:

- Bei einem minderjährigen Kind konnten bisher Einkünfte aus Kapitalvermögen bis 18.303 DM unbesteuert übertragen werden, in Zukunft werden es womöglich nur noch 15.465 DM sein.
- Bei Kindern über 18 Jahren entfällt der Kinderfreibetrag bei Einkünften über jährlich 12.000 DM und der Ausbildungsfreibetrag schon bei Einkünften über 3.600 DM.

Freistellungsaufträge regelmäßig überprüfen

Mit den Freistellungsaufträgen ist das so eine Sache. Wer einen höheren Betrag als den gesetzlich erlaubten freistellen lässt, um keine Zinsabschlagsteuer abführen zu müssen, bekommt in der Regel Probleme mit dem Finanzamt – wie Herr Schlau im folgenden Beispiel.

Beispiel *Da Herr Schlau jährliche Zinseinnahmen von 80.000 DM hat, aber keine Zinsabschlagsteuer zahlen will, hat er seine Depots auf verschiedene Banken verteilt und allen Instituten einen Freistellungsauftrag in voller Höhe erteilt. Eines Tages bekommt er Post von seinem Finanzamt. Die Behörde will wissen, wie hoch seine Zinseinkünfte tatsächlich sind. Herrn Schlau bleibt nichts anderes übrig, als alle Schwindeleien zu gestehen. Nur eine Selbstanzeige kann ihn jetzt noch vor einem Verfahren wegen Steuerhinterziehung bewahren. Er muss jedoch alle Steuern mit Zinsen nachzahlen.*

Dieses Beispiel ist kein Einzelfall: Viele Anleger versuchen, über mehrere Freistellungsaufträge Steuern zu sparen. Da allerdings die Banken Kontrollmitteilungen an das Bundesamt für Finanzen schicken, fliegt der Schwindel über kurz oder lang fast immer auf.

Überlastete Finanzbeamte

Nun ist es jedoch so, dass die Finanzbeamten in Arbeit ersticken. Daher kann man zumindest für einige Steuerzahler, die ihren Banken zu hohe Freistellungsaufträge für ihre Zinseinnahmen gegeben haben, Entwarnung geben: Um nämlich die Arbeit mit den Kontrollmitteilungen der Banken im Bundesamt für Finanzen gering zu halten, sollen die Finanzämter nach einer Verfügung der Oberfinanzdirektion Düsseldorf zukünftig »bei Fällen, in denen das beantragte Freistellungsvolumen die gesetzlich zulässigen Beträge um mehr als das Doppelte nicht übersteigt, keine weiteren Tätigkeiten durchführen« (O 2010 – 1 – St 3122). Mit anderen Worten: Wer als Lediger nicht mehr als 12.200 DM (Ehepaare 24.400 DM) Zinsen vom Zinsabschlag freigestellt hat, kann ungeschoren davonkommen. Nur wer noch weiter über das Ziel hinausgeschossen ist, wird zur Rechenschaft gezogen.

Falls Sie nach diesem Steuerkapitel jetzt ein wenig verunsichert sind, wenden Sie sich einfach an einen kompetenten Steuerberater. Dieser kann Sie bei der Erstellung der für Sie richtigen Strategie beraten – und damit Steuern sparen helfen. Hier noch einmal die wichtigsten Punkte auf einen Blick:

⚡ Blitzübersicht: Steuern sparen bei Aktiengewinnen

- Spekulationsgewinne unter 1.000 DM im Jahr sind steuerfrei.
- Von der Bardividende werden 25 Prozent als Quellensteuer oder Kapitalertragsteuer fällig.
- Die Freibeträge für die Zinsabschlagsteuer liegen derzeit bei 6.100 DM (für Alleinstehende) bzw. 12.200 DM (für Verheiratete).
- Spekulationsverluste sind meist nicht steuerlich anzusetzen.
- Durch Übertragung von Kapitalvermögen auf Kinder oder Enkelkinder können Sie Steuern sparen.

Wenn Sie auf den Geschmack gekommen sind und einen Teil Ihres Geldes an der Börse anlegen möchten, sind Sie mit Sicherheit bestens gerüstet. Egal ob Sie sich für den einen oder anderen aussichtsreichen Einzelwert entscheiden, ob Sie dabei den deutschen, den amerikanischen oder den asiatischen Markt bevorzugen oder – wie momentan groß in Mode – in einen der zahlreichen Geldmarktfonds investieren, wir wünschen Ihnen dabei eine glückliche Hand und kompetente Berater. Und vergessen Sie nie: An der Börse haben Sie die Roulettekugel jederzeit selbst in der Hand ...

Hinweis für unsere Leser

Alle Empfehlungen und Rechenbeispiele in diesem Buch basieren auf den Erkenntnissen sowie der Gesetzeslage zum Zeitpunkt des Redaktionsschlusses (Frühjahr 1998) und wurden mit der größtmöglichen Sorgfalt zusammengestellt. Dabei wurde darauf geachtet, dass die gewählten Beispiele allgemein übertragbar sind. Weil sich in Einzelfällen und durch Änderungen von Gesetzen und Vorschriften eventuell andere Umstände ergeben können, ist jedoch eine Haftung von Verlag und/oder Autoren für Vermögensschäden aus der Anwendung der hier erteilten Ratschläge ausgeschlossen.

Konzept und Realisation: Livingston Media, 20148 Hamburg

Anmerkung der Redaktion

Diesem Buch liegt die im Juli 1996 in Wien beschlossene und am 1.8.1998 verbindliche Neuregelung der deutschen Rechtschreibung zu Grunde.

© 1997 by Südwest Verlag GmbH & Co. KG, München
Alle Rechte vorbehalten. Nachdruck – auch auszugsweise – nur mit Genehmigung des Verlages.
2., aktualisierte Auflage 1998

© Alle Grafiken, Tabellen, Diagramme und Rechenbeispiele – soweit nicht anders angegeben – by Livingston Media, Hamburg

Redaktion: Dr. Hermann Ehmann
Projektleitung: Gebhard Mosl
Redaktionsleitung: Dr. Reinhard Pietsch
Umschlaggestaltung: Till Eiden
Umschlagentwurf: Manuela Hutschenreiter
Illustrationen: Eckhard Hundt
Herstellung: H + G Lidl, München
DTP/Satz: Fotosatz Völkl, Puchheim
Gedruckt in Italien
auf chlor- und säurefreiem Papier

ISBN 3-517-07549-3

Register